Von Gott kommt mir Hilfe

W0353779

Calwer Paperback

Von Gott kommt mir Hilfe

Eine Deutung
der Jahreslosung und der Monatssprüche
für das Jahr 2024

Calwer Verlag Stuttgart

Herausgegeben von Pfarrer Bernd Wildermuth

Der Titel dieses Bandes
wurde Psalm 62,2 entnommen.

Nachdruck der Jahreslosung und der Monatssprüche
nur mit Genehmigung der Ökumenischen Arbeitsgemeinschaft
für Bibellesen, Reichensteiner Weg 24, 14195 Berlin

Gedruckt mit freundlicher Unterstützung
der Calwer Verlag-Stiftung

Bibliografische Information der Deutschen Bibliothek
Die Deutsche Bibliothek verzeichnet diese Publikation in der
Deutschen Nationalbibliografie; detaillierte bibliografische
Daten sind im Internet über *https://www.dnb.de* abrufbar.

ISSN 0939-0251

ISBN 978-3-7668-4601-3

© 2023 by Calwer Verlag GmbH Bücher und Medien, Stuttgart

Alle Rechte vorbehalten. Wiedergabe, auch auszugsweise,
nur mit Genehmigung des Verlags.

Redaktion: Andrea Scholz-Rieker, Herrenberg

Satz und Herstellung:
Karin Class, Calwer Verlag unter
Verwendung einer Typografie von Ellen Steglich, Xanten
Umschlagmotiv: © Vnlit / Dreamstime.com
Umschlaggestaltung: Karin Class, Calwer Verlag
Druck und Verarbeitung: Mazowieckie Centrum Poligrafii –
05-270 Marki (Polen) – ul. Słoneczna 3C – www.buecherdrucken24.de
E-Mail: info@calwer.com; Internet: www.calwer.com

Inhalt

Vorwort

Für mich persönlich ist diese Ausgabe von „Von Gott kommt mir Hilfe“ eine besondere, denn es ist meine zehnte als Herausgeber. Als ich im Mai 2014 das Vorwort zu meiner ersten Herausgeberschaft schrieb, da war die Welt noch eine andere. Da war eine Pandemie oder gar ein Krieg in Europa nicht vorstellbar. Dabei hätte die Besetzung und Annexion der Krim im Frühjahr 2014 schon allen die Augen öffnen können.

Heute ist Krise der Normalzustand. Krieg, Inflation, Klimawandel – dazu das Erstarken des Rechtsextremismus und autokratischer Systeme in Europa und anderswo auf der Welt. Da liest sich die Jahreslosung 2024 „Alles, was ihr tut, geschehe in Liebe“ (1. Korinther 16,14) eher wie ein Gebet, denn wie eine ethische Mahnung. Dabei ist sie weder das eine noch das andere, sondern eine Aufmunterung im besten Sinne. Die Liebe ist für Paulus kein seltsames Spiel, sie kommt und geht auch nicht von einem zum andern. Die Liebe ist die große Konstante im Weltgeschehen, im Großen wie im Kleinen, denn: Gott ist die Liebe. Sie ist bindungslos. „Liebe verfolgt keine Taktik, keine Strategie, sie ist Antwort und Folge der Liebe Gottes, die uns allen gilt“, so schreibt Bischöfin Heike Springhart in ihrer Auslegung der Jahreslosung.

Liebe entfesselt die Kräfte der Zuwendung und der Barmherzigkeit und nicht die des Hasses und des Terrors. Deshalb hat Jesus seine Forderung nach Liebe zugespitzt: „Liebt eure Feinde und betet für die, die euch verfolgen.“

Es ist wieder Krieg in Europa. Und doch sind in jedem Krieg immer auch einzelne Menschen am Werk. Sie haben die gleichen Ängste, die gleichen Bedürfnisse wie wir. Und manchmal gelingt es auch, dass aus Feinden Freunde werden. Ja, und wie?

„Ein alter chinesischer Kaiser", so erzählt eine chinesische Legende, „hatte vor, das Land seiner Feinde zu erobern und sie alle zu vernichten." Später sah man ihn mit seinen Feinden speisen und scherzen. „Wolltest du nicht deine Feinde vernichten?", fragte man ihn verwundert. Der Kaiser antwortete: „Ich habe sie vernichtet. Ich machte sie zu meinen Freunden."

„Mit allem haben wir gerechnet" – so der berühmte Satz des ehemaligen Vorsitzenden des DDR-Ministerrates Horst Sindermann – „nur nicht mit Kerzen und Gebeten. Sie haben uns wehrlos gemacht." Und die Christen und alle anderen, die auf der Straße friedlich demonstrierten, haben sich durch die Staatsmacht der DDR nicht provozieren, aber auch nicht einschüchtern und zurückdrängen lassen.

Eines der Merkmale der Liebe ist eben, dass sie niemals aufgibt.

Ich danke allen Autorinnen und Autoren aus Pfarramt, Diakonat und kirchlichen Einrichtungen für ihre Auslegungen. Dank gebührt auch den Mitarbeiterinnen und Mitarbeitern des Calwer Verlags, insbesondere Andrea Scholz-Rieker, für ihren Einsatz. Möge das Jahr 2024 für uns alle ein Jahr werden, in dem wir die Kraft der Liebe erfahren, im privaten wie im öffentlichen Raum. Sie ist das Geschenk Gottes an uns.

Ihr Bernd Wildermuth

Die Losung des Jahres 2024

Alles, was ihr tut, geschehe in Liebe.

1. Korinther 16,14

Liebe war das eigentliche Thema des ersten Briefes, den der Apostel Paulus an die Gemeinde in Korinth geschrieben hatte. In der von ihm gegründeten Gemeinde hatte es kräftig rumort, verschiedene Meinungen prallten aufeinander, es entstanden Splittergruppen. Paulus hatte die Gemeinde während seines längeren Aufenthaltes in der Hafenstadt um das Jahr 50 gegründet (vgl. Apostelgeschichte 18,1–3). Nun hatte er sie schon länger nicht mehr besuchen können, erhielt aber Nachricht über die schwierige Situation der Gemeinde. Ein erster Brief, der dem in der Bibel erhaltenen ersten Korintherbrief wahrscheinlich vorausging, ist verlorengegangen. Im ersten Korintherbrief behandelt Paulus einige gemeindliche Fragen und Probleme, die sich nach seiner langen Abwesenheit aufgestaut hatten. Er kündigt einen weiteren Besuch in der Gemeinde an, auch um wieder Ruhe in die aufgebrachte Stimmung zu bringen (1. Korinther 16,5–7).

Die Liebe hält alles zusammen

Paulus erinnert die Gemeinde an das, was er ihnen gepredigt hatte. Immer wieder betont er, dass Jesus Christus der Grund ihres Glaubens und des Gemeindelebens ist (vgl. 1. Korinther 1,9.30). Seine Liebe ist Kraftquelle und Maßstab des Miteinanders in der Gemeinde. Von daher ist die Liebe der eigentliche rote Faden, den der Brief durchzieht. Bei aller Vielfalt und den unterschiedlichen Gnadengaben, die auch in der Gemeinde von Korinth zahlreich vorhanden sind, hält die Liebe alles zusammen: Die Liebe Jesu Christi zu seiner Gemeinde, die Liebe zu jedem Einzelnen, die Liebe der Gemeindemitglieder untereinander und die Liebe jedes Einzelnen zu sich selbst. Es geht um die Liebe, wenn Paulus die verschiedenen Gruppen daran erinnert, dass Christus es ist, an dessen Leib wir alle Glieder sind (1. Korinther 12). Jede und jeder ist ein Tempel des heiligen Geistes, den es zu pflegen und wertzuschätzen, also zu lieben gilt (1. Korinther 6,12–20). Die Liebe ist die größte der sogenannten christlichen Tugenden Glaube, Hoffnung und Liebe. In diesem Satz gipfelt der Brief des Apostels in dem „Hohelied der Liebe" (1. Korinther 13), die das Leben der einzelnen Mitglieder und der Gemeinde insgesamt prägen und leiten soll.

Liebe gewinnt konkret Gestalt

Das Schlusskapitel des Briefes zeigt in ganz praktischen Hinweisen zusammenfassend auf, wie diese Liebe Gestalt gewinnen und gelebt werden kann. Das gilt zum Beispiel für die Sammlung von Geld für die Gemeinde in Jerusalem. Dadurch soll nicht nur der Dank und die Unterstützung an die erste „Muttergemeinde" erbracht werden (1. Korinther 16,1–4), sondern darin drücken sich Einheit und Liebe aller Gemeinden und aller Christinnen und Christen untereinander aus. Liebe zeigt sich letztlich auch am Geld bzw. insbesondere dem Umgang mit ihm, an der Bereitschaft zu teilen und sich nicht durch Geldfragen auseinanderdividieren zu lassen, sondern Solidarität auch ganz handfest und unterstützend zu leben.

Liebe braucht Begegnung

Liebe drückt sich zudem in der Gemeinschaft aus. Paulus schreibt von seinen Reiseplänen (1. Korinther 16,5–12), verdeutlicht aber damit, wie wichtig Begegnung und Gemeinschaft untereinander sind. Paulus verbindet eine Liebesverbindung zu „seiner" Gemeinde in Korinth: sein nächster Besuch soll daher auch nicht nur eine kurze Stippvisite sein, sondern wie bei der Gründung will er stärkend und aufbauend wirken, sich Zeit nehmen und auf die Bedürfnisse hören.

Liebe verwandelt

„Alles, was ihr tut, geschehe in der Liebe." Mit dieser Jahreslosung können wir auch für das Jahr 2024 praktische Hinweise erhalten. Der erste Korintherbrief zeigt uns dafür Leitlinien auf. Wir sollen uns nicht durch eine christliche Programmatik oder christliche Verhaltensregeln in ein Korsett zwingen, sondern uns in allen Dingen an einem Grundtatbestand orientieren: Wo wir die Liebe Gottes am eigenen Leib lebendig erfahren haben, da wird diese Liebe uns selbst verwandeln und in uns die Liebe zu Gott, zu uns selbst und zu den Nächsten nähren. Da geht es gleichsam um einen spontanen Ablauf des Liebens, der aus der Erfahrung der Liebe Gottes in Jesus Christus gelebt wird. In allem soll uns die Liebe leiten. Das bedeutet eben nicht, verklärt und fromm lächelnd alles hinzunehmen, alle Fehler zu übertünchen oder Missstände zuzudecken. Paulus wird in seinem Brief teilweise sehr deutlich, macht selbst aus seinem Ärger und seiner Enttäuschung keinen Hehl und sucht durchaus die Konfrontation. Aber er lässt sich davon nicht verdrießen, wird nicht bitter oder wendet sich gar von der Gemeinde ab; selbst die Kränkungen können seine Liebe nicht ersticken, da es die Liebe Christi ist, aus der sich auch seine Liebe speist. Gott hat sich in Jesus Christus uns zuliebe der tiefsten, tödlichen Einsamkeit ausgesetzt und sich diese Liebe viel kosten lassen. Dann können wir letztlich nicht anders, als ebenfalls auf diese Liebe zu setzen und aktiv zu werden.

Zurück zum Anfang

Allerdings erleben wir es auch, dass Gottes- und Nächstenliebe nicht automatisch ein „unteilbar Ganzes" bilden. An anderen und vor allem auch an uns selbst erkennen wir auch einen Widerspruch, wenn die Liebe bloßes Lippenbekenntnis zu sein scheint. Darum ist es wichtig, sich immer wieder an den Ursprung der Liebe zu erinnern. Gott liebt jeden Menschen, er liebt mich bedingungslos. Wir sollen uns nicht an dem orientieren, was wir sein sollen oder wo wir einmal hinwollen, auch als Kirche nicht. Sondern wo wir uns auf den Beginn, diesen Ursprung, die Liebe Gottes zurückbesinnen, bekommen wir neue Kraft und wird unsere Hoffnung gestärkt. Die Gemeinde ist die Gemeinschaft der Getauften. Uns ist in der Taufe diese unverbrüchliche Liebe zugesagt und eingeprägt worden. Und gemeinsam sollen und können wir darum ringen, wie diese Liebe in der Welt von heute sichtbar werden und die Kirchen, aber letztlich auch alle Menschen einen kann. Niemand ist von dieser Liebe ausgeschlossen. Niemand wird gedrängt, aber alle sind von dieser Liebe umfangen. Liebe ist nicht nur ein Wort, Liebe, das sind Worte und Taten. Als Zeichen der Liebe ist Jesus geboren. Als Zeichen der Liebe für diese Welt.

Liebe verfolgt keine Taktik

Wir wachsen nie über unsere Taufe hinaus, sondern können nur immer wieder in sie „hineinkriechen“, wie es Martin Luther formuliert hat. Von ihm stammt auch das bekannte Wort, dass Gott „ein Backofen voller glühender Liebe“ ist. Diese Liebe gilt allen Menschen, sie gilt der ganzen Welt. Trotz allen Unfriedens, trotz Hass und Rassismus ist die Liebe nicht aus der Welt getrieben worden. Das Reich Gottes ist mitten unter uns. Wer in dieser Welt voller Dunkelheit und erschütternder Nachrichten, aber auch in der manchmal turbulenten Auseinandersetzung mit seinen Mitmenschen sich den Blick der Liebe Gottes zu allen Menschen schenken lässt, der hört auf, bloßes Echo auf zermürbende Konflikte zu sein oder angesichts der Gegenwart schlicht zu resignieren. In dessen Leben kommt vielmehr der schöpferische Impuls der Liebe. Liebe verfolgt keine Taktik, keine Strategie, sie ist Antwort und Folge der Liebe Gottes, die uns allen gilt. Liebe hat die Kraft, den ersten Schritt zur Versöhnung zu wagen, zwischen Menschen und Kirchen, ja zwischen Nationen. Liebe ist beständig – über den Tod hinaus.

Liebe ist unser Auftrag

Die Liebe des Gekreuzigten macht uns frei, mehr an andere als ständig nur an uns zu denken. Wir werden andere nicht nur in ihren Nöten bedauern, sondern ihr Leid verändern wollen. Und für die Liebe kann es dann doch wohl keinerlei Obergrenzen geben. Wir werden den Armen, den Unterdrückten, den Geschwächten, den Menschen auf der Flucht, den Verängstigten und den Hochmütigen diese Liebe in Wort und Tat weitergeben wollen. Im Wort von der Versöhnung, das wir weitersagen, verkündigen wir Gottes Versöhnungshandeln an dieser Welt und führen es fort. Das ist unser Auftrag als Kirche.

Liebe ist kein romantisches Gefühl, kein Appell an die Mitmenschlichkeit, sondern die Bewegung Gottes zu den Menschen. Unsere Liebe motiviert keine Selbstbeherrschung oder Willenskraft, sondern an uns vollzieht sich das Wunder einer ganz neuen von Gott geschenkten Sichtweise. Wir ahnen etwas von der Verheißung der Vollendung dieser Welt, in der Gott allen Menschen ihre Tränen abwischen und auch die Verlorenen und Verzweifelten an die lange Tafel in seiner Gemeinschaft setzen wird.

Und wenn wir einmal das Gefühl haben, die Liebe wird immer weniger in dieser Welt, oder dass unsere Liebe zu schwach und es doch eigentlich sinnlos sei, worum wir uns auch als Kirche bemühen und was wir alles unternehmen, dann sollen wir uns immer wieder erinnern und neu kräftigen lassen durch die bedingungslose und unverbrüchliche Liebe Gottes in Jesus Christus, von der uns nichts scheiden kann (vgl. Römer 8,38f).

Heike Springhart

Lied EG 239 Freuet euch im Herren allewege!

Gebet

Gott, du bist die Liebe und schenkst uns deine Liebe.
Lass alles, was wir tun, in deiner Liebe geschehen.
Du selbst bist die Liebe, die uns Kraft und Mut gibt,
barmherzig zu anderen Menschen zu sein,
die es gerade am Nötigsten haben.
Du bist die Liebe, in der wir in dieses neue Jahr
mit Zuversicht und Mut gehen können. Amen.

Impuls

Unser ganzes Leben ist dazu bestimmt, zu lodern und zu wärmen. Überall, wo die Liebe Eingang findet, verwandelt sie unser Leben in Brennstoff. Aber wenn Gott der brennende Dornbusch ist, der lodert, ohne sich zu verzehren, so sind wir jedenfalls schnell aufgezehrt, falls wir aufhören, den Glauben zu erbitten, für ihn bereit zu sein, ihn zu empfangen; kurz, wenn wir aufhören, aktiv mit dem Leben des lebendigen Gottes in Verbindung zu bleiben. Der Glaube will unterhalten sein wie ein Feuer.

Madeleine Delbrêl[1]

---

1 Madeleine Delbrêl, Gott einen Ort sichern. Texte-Gedichte-Gebete, ausgewählt, übersetzt und eingeleitet von Annette Schleinzer (Topas Taschenbücher Band 1122) © Matthias Grünewald Verlag der Schwabenverlag AG, Ostfildern, 5. aktualisierte Auflage 2018.

Monatsspruch für Januar

Junger Wein gehört in neue Schläuche.

Markus 2,22

Das ist doch logisch, Jesus. Auch wenn wir das Bild kaum mehr verstehen mit dem jungen Wein und den neuen Schläuchen bzw. altem Wein in alten Schläuchen. Wir kennen Flaschen, Fässer und meist hoch industrialisierte Weinproduktion. Würdest du heute vielleicht sagen: ein iPhone 14-Prozessor passt nicht in ein Nokia 3310-Handy oder ein Hochleistungs-Elektromotor in einen alten VW-Käfer? Nichts davon würde erfolgreich funktionieren, vielmehr würde zerstört statt entwickelt oder gefördert. Altes und Neues passt nicht zusammen. Das spüren wir an allen Ecken und Enden, oder?

Zweimal hinschauen

Natürlich will ich nach dem ersten Lesen gleich loslegen. So viele gute Gründe liefert dieser Satz Jesu, warum scheinbar Traditionelles, Etabliertes mit Erneuerung und Innovation in Kirche nicht zusammenpasst. Doch der zweite Blick tut wie immer gut und bewahrt vor zu schnellen Schlussfolgerungen:

Markus berichtet am Anfang des zweiten Kapitels seines Evangeliums von verschiedenen Begegnungen Jesu mit Menschen: Zunächst erzählt er die wunderbare Geschichte, in der vier Freunde das Dach eines Hauses abdecken, damit Jesus ihren Freund heilen kann. Anschließend beruft Jesus den Zolleinnehmer, den für die verfeindeten Römer als Verwaltungsangestellter arbeitenden Levi. Und nicht nur das: Jesus isst mit diesem und seinen Kollegen. Dann kommen die Jünger von Johannes dem Täufer zu Jesus und fragen, warum die Pharisäer und sie selbst gewissenhaft und streng fasten, sich also an gute, wichtige Glaubenstraditionen halten, Jesus und seine Jünger hingegen nicht.

Wer kommt denn auf die Idee, bei einer Hochzeit zu fasten? Diese rhetorische Frage gibt Jesus – wie so oft in derartigen Gesprächen – zurück. Die Antwort ist allen klar. Das würde niemand tun. Wie auch niemand ein altes Kleidungsstück mit einem neuen Stoffteil flicken oder gar neuen, jungen Wein in einen alten Schlauch abfüllen würde. Nur, was meint er damit?

Die besondere Kraft des Evangeliums

Die Antwort findet sich in Jesus selbst. Er sagt und verkörpert nicht: Macht alles neu! Vielmehr sagt er: Gott macht alles neu. Es geht ihm um die Veränderungs- und Erneuerungskraft des Evangeliums, der guten Nachricht, dass Gott Menschen liebt. Gott wird Mensch in Jesus Christus. Der Prolog des Johannesevangeliums beschreibt in großartiger Weise diese Einwohnung Gottes bei den Menschen. Das Wirken und Handeln Jesu macht aber von Beginn an auch deutlich, dass es auch nach seiner Himmelfahrt kein „Zurück ist Vergangene" geben kann. Dieses Neue hat eine derart transformierende, grundlegende Energie, eine Dynamis. Sie macht „alles neu" – und macht dabei vor bisherigen Ritualen und der damals etablierten Glaubenspraxis nicht halt.

Das Evangelium, diese unglaublich gute Nachricht und die damit verbundene eschatologische Hoffnungs- und Trostperspektive ist uns so in Fleisch und Blut übergegangen, dass wir teilweise ihre Veränderungskraft aus dem Blick verloren haben. Obwohl sie bis heute nichts davon verloren hat. Deshalb sind wir zuerst gefragt, ob sie auch heute alle vorhandenen menschlichen Vorstellungskräfte sprengen darf, wir neu staunen und uns berühren lassen und Gott selbst die eigentliche Dynamis, die eigentliche Kraft der Veränderung zutrauen. Oder ob wir sie mittlerweile auch versuchen, mit alten Schläuchen zu begrenzen.

Aller Impact dessen, was wir tun oder tun wollen, beginnt bei der verändernden Kraft des Evangeliums. Sie war damals so neu, dass sie nicht mehr zum Etablierten, Eingeübten und vor allem den dahinterstehenden Motiven passte, wie heute eigentlich auch.

So sprach sich Jesus beispielsweise nie gegen das Fasten aus, vielmehr fastete er selbst. Er stellte die damit einhergehende religiöse Praxis infrage. Es ging ihm weder darum, dadurch Gott in besonderer Weise gefallen zu wollen, noch das Kommen des Messias erzwingen zu können.

Die neuen Schläuche

Schläuche für den Wein sind nicht beschränkend zu verstehen. Gleiches gilt für Fässer heute. Wunsch, Ziel und Auftrag des Winzers ist es, den bestmöglichen Wein zu bekommen. Die Lagerung und der damit einhergehende Reifungsprozess sind hierbei existenziell. Damals wie heute, im Schlauch oder Fass. Die Schläuche zur Zeit Jesu bestanden aus gegerbter Tierhaut. Der Schlauch lenkt nicht die Bahnen, engt nicht ein, wie auch heute das Fass oder die Flasche nicht. Der Weinbauer will den vorzüglichen Wein erhalten, um ihn dann zur Verfügung stellen zu können. Deshalb sucht er die bestmöglichen Rahmenbedingungen. Der neue bzw. junge Wein – beide Übersetzungen sind möglich – braucht andere Bedingungen, um sich entwickeln zu können, als alter Wein.

Aber wie?

Ausgehend von dieser Einordnung und dem Staunen über die unendliche Liebe Gottes, die allen Menschen gilt, können wir nun fragen, wo unsere Formen wie alte Schläuche wirken und deshalb Neues begrenzen, einengen, verhindern oder gefährden.

Wie der Winzer damals beim neuen Wein im alten Schlauch keinesfalls das Interesse gehabt hätte, den Wein zu verlieren, handeln alle, die vom Evangelium berührt sind und Gottes Reich ausbreiten wollen, nach bestem Wollen und Wissen.

Darum geht es nun auch nicht um Veränderungsappelle, sondern um Ermutigungs- und Hoffnungsgeschichten, die uns begeistern dürfen, immer wieder neue Wege zu gehen.

Dabei stehen wir uns zunächst leider oft selbst im Weg. Denn das menschliche Gehirn entscheidet sich lieber intuitiv für Bekanntes, Gewohntes, Einfaches. Wir halten gerne fest an dem, was uns vertraut ist. Neues, Unbekanntes suchen wir nicht automatisch. Und wenn, dann meist derart, dass wir es mit Bestehendem, mit unseren Erfahrungen in Einklang bringen wollen. Deshalb geht es darum, sich von Gottes Geist in Bewegung setzen zu lassen und sich ein bisschen selbst zu überlisten.

Ein altes Zitat aus der Weiterentwicklung der Ford-Bewegung bringt es in wunderbarer Weise zum Ausdruck. Henry Ford, dem Gründer der Automarke, wird folgender Satz zugeschrieben: „Wenn ich die Menschen gefragt hätte, was sie wollen, hätten sie gesagt: schnellere Pferde." Die Menschen hatten sich an den Komfort der Pferdekutschen gewöhnt. Das war ihr bekanntes, gewohntes und naheliegendes Fortbewegungsmittel. Das weiterzuentwickeln und noch schneller zu machen, war der Traum vieler. Eine Art Facelift sozusagen – keine grundlegend neue Technik, sondern Modifikation der Bestehenden.

Und Ford erkannte: Wenn man sich von der begrenzten Kraft der Pferde in der Fortbewegung lösen will, dann muss man neue Wege gehen. Es ist nicht zielführend, einen Motor in eine Pferdekutsche einzubauen etc. Es braucht etwas Neues. Der neue, junge Wein – in diesem Fall der Motor – hätte die alte Kutsche zerstört. Mobilitätserneuerung wäre nicht möglich gewesen.

Jugendarbeit versöhnt

So prägt z.B. bis heute der Jugoslawienkrieg aus den 90er Jahren mit seinen Folgen stark die gesamte Westbalkan-Region. Die gegenseitige Abneigung wird auf die nächste Generation übertragen. Leider sehr erfolgreich. Junge Menschen wissen oft nur, dass man mit jungen Menschen aus anderen umliegenden Ländern nichts zu tun hat, aber nicht weshalb. Traditionen und damit einhergehend häufig auch Vorurteile werden erfolgreich auf die nächste Generation übertragen. Die Leiterin des YMCA (CVJM) im Kosovo hat ein Leiterschafts-Programm für junge Menschen entwickelt, das Kreise zieht. Mittlerweile über die Grenzen des Kosovo hinweg. Sie erzählt, wie junge Menschen aus verschiedenen Nationen miteinander in

Kontakt kommen, die bis dato nie auf die Idee gekommen wären, miteinander zu reden. Ein neues Programm öffnete Türen für die Botschaft der Versöhnung. In den etablierten Strukturen wäre der „neue Wein" der Versöhnung Gottes kaum zur Entfaltung gekommen.

In der Kraft des Neuen Veränderung gestalten

Uns darf vor neuen Angeboten, neuen Methoden, neuen Menschen in unseren kirchlichen Kontexten nicht bange sein. Vielmehr dürfen wir mutig sein, Neues zu wagen.

Leitend könnte hierbei die Perspektive der „mixed economy" bzw. „mixed oecology" aus der Fresh-X-Bewegung sein. Hierbei geht es gerade nicht um ein Entweder-Oder, sondern um ein Sowohl-als-Auch. Wie können etablierte, traditionelle Angebote in Co-Existenz zu Neuem Veränderungen ermöglichen, weil sie in guter Weise aufeinander und zueinander wirken?

Übertragen auf konkretes Handeln sind die alten Schläuche in der Arbeit des Winzers nicht schlecht. Vielmehr haben sie den Auftrag und die Kraft, Bestehendes und Etabliertes zu bewahren. Selbstverständlich immer zu dem Zweck, den Wein dennoch zu konsumieren. Teilhabe zu ermöglichen, zu teilen etc.

Wer Veränderungen und Erneuerung verhindern will, steckt jungen Wein in alte Schläuche. Auch würde der alte Wein in neuen Schläuchen nicht zielführend sein. Würden doch die alten Schläuche keine Verwendung mehr finden und dem jungen Wein den Gestaltungsraum nehmen. Jesus selbst weist in der Parallelstelle in Matthäus 9 darauf hin, dass sonst alles verloren gehen würde: die alten Schläuche durch den neuen Wein und der neue Wein selbst.

Was es zu vermeiden gilt: im operativen Wirken in der Gemeinde Jesu die neuen Schläuche gegen die alten auszuspielen. Mixed oecology öffnet den Raum für ein gesundes Nebeneinander und damit auch Miteinander. Welche Hoffnungsperspektive, dass wir nicht wie so oft ein Gegeneinander denken, spüren, argumentieren, leben.

Miteinander sind wir eingeladen und durch die verändernde Kraft des Evangeliums ermutigt, erforderlichen Transformations- und Erneuerungsprozessen Raum zu geben. Zuzutrauen und zuzugestehen, dass eigene, neue Systemlogiken erforderlich sind, dass es nicht darum geht, z.B. in der Kinder- und Jugendarbeit oder bei Gottesdiensten an alten, etablierten Formen nur deshalb festzuhalten, weil man das „immer schon so gemacht hat", sondern sich am Erfolg des Alten und Neuen freut. Eventuell werden wir auf diese Weise auch bewahrt davor, weiterhin die alten, ausrangierten Sofas von zu Hause in den Jugendräumen im Gemeindehaus zu entsorgen oder den Kauf der teureren Kaffeemaschine kritisch zu kommentieren, die fürs Miteinander von großer Bedeutung sein kann.

Nicht in Gänze auszuschließen ist, dass das Jesus-Wort in kirchlichen und verbandlichen Reformprozessen mehr als Provokation denn als Inspiration aufgenommen wird. Lasst uns hier versöhnend, einigend und ermutigend wirken! Denn wenn wir in der Kraft des lebensverändernden und lebensspendenden Evangeliums handeln, dann kann vieles gelingen. Und auch nur dann.

In diesem Sinne dürfen wir verbindend, in gegenseitiger Wertschätzung von „jung und alt" und allen dazwischen, fröhlich zuversichtlich mutig sein. Wir wissen Gott an unserer Seite, der humorvoll und vertrauensvoll sagt: „Siehe, ich mache alles neu" (Offbarung 21,5). Die weit bekannte Redewendung mit dem alten Wein und den neuen Schläuchen, die weit über den christlichen Kontext hinaus Verwendung findet, könnte im Übrigen auch ein Anknüpfungspunkt sein, neu und begeistert das Evangelium zu kommunizieren.

Hansjörg Kopp

Lied EG 395 Vertraut den neuen Wegen

Gebet

Dreieiniger, barmherziger und liebender Gott.
Ich danke dir für die Kraft des Evangeliums,
der guten Nachricht deiner Liebe und Rettung,
die allen Menschen und mir persönlich gilt.
Lass mich neu über diese lebensverändernde Kraft
und Hoffnung staunen.
Mache uns mutig, Jesus, neue Schritte zu wagen,
Veränderung zu ermöglichen, Kirche neu zu denken.
Wir wollen Zugänge zu deiner Liebe schaffen,
unseren Teil beitragen und mit dir rechnen.
Bewahre uns davor, alt gegen neu,
jung gegen alt auszuspielen.
Schenke uns Mut, nebeneinander und doch
miteinander, ergänzend und in gegenseitiger
Fürsprache Kirche zu gestalten.
Wo unsere Schläuche schon geplatzt sind,
schenke neue Wege aufeinander zu.
Wir danken dir, dass du als verlässlicher,
beständiger und zugleich innovativer und
zuversichtlicher Gott an unserer Seite bist. Amen.

Monatsspruch für Februar

Alle Schrift, von Gott eingegeben, ist nütze zur Lehre, zur Zurechtweisung, zur Besserung, zur Erziehung in der Gerechtigkeit.

2. Timotheus 3,16

Generationenwechsel – eine herausfordernde Aufgabe, an der nicht nur Unternehmen scheitern können. Der Stabwechsel von der älteren Generation an die jüngere hat so seine Tücken – loslassen und überlassen, anvertrauen und zutrauen, Kontinuität sichern und Neuentwicklungen nicht im Weg stehen, grundlegende Werte und Haltungen weitergeben, ohne junge Menschen in ihrer Entwicklung aus lauter Fürsorge und Ängstlichkeit zu gängeln und zu hindern bzw. die Dynamik und den Gestaltungswillen der nachfolgenden Generation zu bremsen. Was geben wir mit, hinterlassen wir; wir, die wir abgeben, Verantwortung übergeben? Nachfolge antreten, zuversichtlich und gewiss werden, Sicherheit gewinnen, den Erwartungen angesichts großer Fußstapfen gerecht werden, orientiert bleiben, Führung wahrnehmen – was bekommen wir zu hören, ins Stammbuch geschrieben, wir, die wir in Verantwortung gehen, in Fußstapfen treten, die uns vielleicht viel zu groß erscheinen?

Der Stabwechsel ist Thema des 2. Timotheusbriefes und der Monatsspruch hat darin seinen Sitz im Leben. Was schreibt diese prägende Persönlichkeit, Paulus, dem jungen Mitarbeiter ins Stammbuch? Was bekommt er mit, der junge Timotheus, Schüler und Weggefährte des Apostels?

Eine Tabakwerbung der 60er Jahre propagiert „drei Dinge braucht der Mann“ – „Feuer – Pfeife – Stanwell!“ Paulus nennt zwei Dinge – Wurzeln und Flügel. Er bedient sich keines idealisierten, werbeträchtigen und längst überholten Männerbildes, sondern verweist seinen Zögling auf das, was bildet und ihn gebildet hat – auf Menschen, Personen, die ihm zum Gegenüber geworden sind und das, was ihm inspirierendes Gegenüber bleiben soll. Er thematisiert das In-Beziehung-Sein zu Menschen, Gott und Gottes geistdurchwehtes Wort. Wurzeln und Flügel braucht der Mensch oder anders formuliert Herkunft und Bibel.

Wurzeln und Flügel

In den vorausgehenden Versen des Monatsspruchs wird Timotheus an seine Wurzeln, seine Herkunft erinnert. Der Briefschreiber benennt Personen, die Timotheus zutiefst, auch im Glauben geprägt und beheimatet haben. Persönlichkeiten, von denen er Grundlegendes gelernt hat, durch die er zu dem geworden ist, was er ist, werden ihm vor Augen geführt. Sie sollen mit dem, was sie ihm sind und waren, in lebendiger Erinnerung bleiben. „Bleib bei dem, was du gelernt hast!“ Dadurch, dass diese Menschen mit ihm das Leben und ihren Glauben geteilt haben, sind bei ihm wichtige Lebensgrundlagen gelegt worden. Durch sie konnte er sich im Leben verwurzeln. Wurzeln tragen, sie geben Stabilität, sind Grundlage und Voraussetzung für Wachstum, für das, was werden kann. Zwei Dinge braucht der Mensch – Wurzeln. Und was ist mit den Flügeln?

Der Blick in dem Textabschnitt des Timotheusbriefes bleibt nicht rückwärtsgewandt. Vergangenheitsorientiert lässt sich Zukunft nicht gestalten. Allein im Wissen um die Herkunft und die Vergewisserung seiner Wurzeln lässt sich den Herausforderungen und Widerfahrnissen des Lebens nicht begegnen. Neben der Stabilität braucht es Agilität und dies heute mehr denn je. Flexibilität und Beweglichkeit sind gefragt, ohne orientierungslos und zum Spielball zu werden. Wie kann das gehen? Zwei Dinge braucht der Mensch – Wurzeln und Flügel!

Timotheus, der junge Gemeindeleiter bekommt im Zuge des Generationswechsels in der Leitungsaufgabe keine erfahrungsgedrängten Handlungsanweisungen, sondern als Staffelholz einen einzigartigen Literaturtipp – Gottes Wort! Paulus legt Timotheus keine Checklisten und To-Do's zum Abhaken ans Herz. Einen verbindlichen Prioritäten- und Posteritätenkatalog sucht man vergebens. Listen und Anweisungen, und seien sie noch so erfahrungsgesättigt, sind keine tauglichen Orientierungshilfen. Sie sind schnell aus der Zeit gefallen. Orientierung bekommt man durch ein lebendiges Gegenüber, Gewissheit und Zuversicht durch ein zugesprochenes Wort, die Bereitschaft zum Wagnis, den Mut zur Korrektur, die Entscheidung zum Aufbruch durch ein wegweisendes, inspirierendes, Klarheit verschaffendes Wort der Zusage. Worte verleihen Flügel. Worte beschreiben nicht nur Wirklichkeit, sie schaffen Wirklichkeit. Deshalb geht es im Timotheusbrief nicht um einen beiläufigen Literaturtipp einer antiquarischen Rarität. Paulus gibt keinen Geheimtipp für bibliophile Menschen. Es ist eine leidenschaftliche Einladung an Menschen, die in ihrer Lebenssituation gefordert, herausgefordert und überfordert sind, dem Liebhaber des Lebens, Gott selbst, in und durch biblische Texte zu begegnen. Diese Begegnung verleiht Flügel. Sie macht frei und gibt zugleich Halt. Sie verleiht Dynamik und gibt zugleich Kraft. Ein wahrer Geheimtipp – nicht nur für einen Timotheus.

Vom Nutzen der Schrift, die sich dem Geist Gottes verdankt

Lesen informiert, lesen inspiriert, lesen orientiert, korrigiert, eröffnet neue Perspektiven. Lesen ist ein dialogisches Geschehen. Wieviel mehr, wenn die Texte ihre Wirksamkeit dem Wirken des Geistes Gottes verdanken. „Von Gott eingegeben", wörtlich von Gottes Geist „durchhaucht" meint keine willenlose Autorenschaft, sondern erinnert vielmehr an den göttlichen Lebensodem der Schöpfungserzählung, an das schöpferisches Handeln Gottes durch sein Wort, an den Johannesprolog und das Wort, das in Jesus Christus für uns zum menschlichen Gegenüber wurde. Im Wort zeigt sich Gott uns mit seinem Wesen, Willen und heilsamen Wirken. Im Wort wird er uns zu einem personalen Gegenüber. Es geht um eine doppelte Wirksamkeit des Geistes – beim Schreiben berührt und beim Lesen geführt. Faszinierend, wie alte, ja uralte Texte, immer wieder neu ins Hier-und-Heute sprechen, lebendig werden und bleiben, in Bewegung setzen und Veränderung bewirken, Vertrauen wecken und Hoffnung geben, Trost spenden und Zuversicht wecken, geistig und geistlich beweglich halten, Flügel verleihen. Vom Nutzen der Schrift und ihrer überwältigenden Wirksamkeit weiß der Psalmist in Psalm 119, 162 zu singen: „Ich freue mich über dein Wort wie einer, der große Beute macht." „Jede von Gott eingegebene Schrift ist auch nützlich zur Belehrung, zur Zurechtweisung, zur Besserung und zur Erziehung in der Gerechtigkeit. So wird der Mensch Gottes vollkommen sein, befähigt zu jedem guten Werk." Klingt nach strammem Erziehungskonzept und straffem Bildungsprogramm vergangener Tage, die Auflistung in der Übersetzung der Zürcher Bibel. Die einen sehnen sie wieder herbei. Bei anderen werden traumatische Erinnerungen wach und stellen sich alle Stacheln. Blättern wir weiter, ducken wir uns weg, wenn wir solch sperrige Sätze in der Bibel lesen? Mit was für einer Erziehungs- und Bildungsprogrammatik müssen oder dürfen wir rechnen?

Belehrung – der Blick nach oben

Die Schrift hilft, recht zu lehren, in der „Wahrheit zu unterrichten". Dabei macht das biblische Lernprogramm uns nicht klein. Es hält uns auch nicht klein. Ganz im Gegenteil, die Bibel eröffnet uns eine nüchterne, realistische Sicht auf die Welt und uns selbst, erschließt uns zugleich Perspektiven der Hoffnung für die Welt und uns selbst, vermittelt Einsichten und Erkenntnisse verantwortlichen Handelns für und mit anderen, zeigt uns unser Angewiesensein auf Beziehung, macht uns beziehungsfähig und setzt uns in die heilsame, befreiende und bleibende Beziehung zu Gott. Vom Welt- und Selbstverständnis zur befreienden Botschaft des Evangeliums: „Nicht dein Verhalten, sondern meine Verhältnisbestimmung ‚Du bist mein!' macht den alles entscheidenden Unterschied. Was für ein ‚Von-Oben-Herab'!" Ein Unterrichtet-Werden im Aufsehen zu dem, der das Leben ist und für mich will!

Zurechtweisung – die Chance zum Neuanfang

Die Schrift hilft, „die Irrenden zurechtzuweisen“, die Schuld aufzudecken, mich meiner Selbsttäuschungen zu berauben. Überführt werden (hier steht der griechische Begriff „elegmos“), womöglich bloßgestellt sein, keine angenehme Vorstellung. Und doch, wie gut, wenn ich einer Täuschung über mich beraubt werde, wenn ich wieder klarsehen, mir selbst in die Augen schauen kann, das Versteckspiel ein Ende hat, ich der sein darf, der ich bin. Der Spiegel ist nicht nur beim morgendlichen Start in den Tag hilfreich. Mit dem biblischen Spiegel können Beziehungen wieder geklärt werden und Verhältnisse ins Reine kommen.

Was für ein „Entgegenkommen“! Wie gut, nicht mir selbst überlassen zu sein und auf mein Scheitern festgelegt zu bleiben, sondern Korrektur und die Chance zum Neuanfang zu erhalten.

Besserung – in die Spur des Lebens kommen

Die Schrift hilft zu bessern, neu auszurichten und aufzurichten. Interessant, es bleibt nicht beim Hinweis auf die zurechtweisende Wirkung der Schrift. Ausdrücklich wird die Hilfe zur Besserung ergänzend hinzugefügt. „Epanorthosis“ meint die Wiederherstellung eines ursprünglichen Zustands. Orthopäden können körperlich schmerzhafte Fehlhaltungen diagnostizieren und Anleitung geben, sie zu beheben. Die Wirkung der Schrift thematisiert unser menschliches Verhalten, aber noch viel mehr berührt und verändert sie unsere Haltung, indem sie Halt gibt. Was für eine Unterstützung! Wie gut, immer wieder neu ausgerichtet und aufgerichtet zu werden und in meine Lebensspur zu kommen.

Erziehung – hineingezogen werden in Gottes Barmherzigkeit

Die Schrift hilft zur „Erziehung in der Gerechtigkeit." Wer die Bibel als Erziehungsratgeber für andere liest, hat einiges missverstanden. Hier lassen sich keine Erwartungshaltungen an meine Kinder oder erzieherische Maßstäbe für andere Menschen ableiten. Wir selbst sind gemeint, wir selbst die „Gezogenen", wenn wir die Bibel aufschlagen und lesen. Und übrigens macht es einen Unterschied, dass von der Erziehung in der Gerechtigkeit und nicht zur Gerechtigkeit geschrieben steht? Vor aller Erziehung, die wir unseren Kindern angedeihen lassen, der Erziehung zu dem, was uns wichtig und wert ist, braucht es die Erfahrung von Liebe, Nähe, Annahme, Zuwendung, Verlässlichkeit, Vertrauen. Erziehung beginnt mit dem bedingungslosen Beschenkt-Werden. Wir sind, was wir empfangen! Gottes Erziehung geschieht dadurch, dass wir hineingezogen werden in seine Liebe und sein Erbarmen, in seine Gerechtigkeit, die uns gilt. Was für ein Geschenk! Wie gut, dass wir aus dieser Fülle leben dürfen und mit dieser Fülle „geschickt werden zu allem guten Werk"!

Werner Baur

Lied EG 452 Er weckt mich alle Morgen

Gebet

Herr, dein Wort, die edle Gabe,
diesen Schatz erhalte mir;
denn ich zieh es aller Habe
und dem größten Reichtum für.
Wenn dein Wort nicht mehr soll gelten,
worauf soll der Glaube ruhn?
Mir ist's nicht um tausend Welten,
aber um dein Wort zu tun.

Nikolaus Ludwig Graf von Zinzendorf (EG 198,1)

Impuls

Ohne den Heiligen Geist
ist Gott fern,
bleibt Christus in der Vergangenheit,
ist das Evangelium totes Gesetz,
ist die Kirche nur eine Organisation,
Autorität im Tiefsten Herrschaft,
Mission letztlich Propaganda,
ist die Liturgie nicht mehr als ein Beschwören
und das christliche Leben eine sklavische Moral.

Ignatius IV, griechisch-orthodoxer Patriarch von Antiochia (1979–2012)

Entsetzt euch nicht! Ihr sucht Jesus von Nazareth, den Gekreuzigten. Er ist auferstanden, er ist nicht hier!

Markus 16,6

„Er ist nicht hier!"

Deshalb ist es sinnlos, den Lebendigen bei den Toten zu suchen. Den Frauen, die am frühen Ostermorgen zum Grab geeilt sind, verschlägt es die Sprache. Sie wussten ja nicht, dass sie Ostern entgegengehen würden, als sie sich im Morgengrauen auf dem Weg gemacht haben. Auf dem Weg bereitet ihnen vor allem der Stein Sorge: Wer wird ihn wegwälzen? So groß, so schwer, so verschlossen ist das Ziel ihres Weges.

Und dann steht das Grab offen, und sie gehen hinein und finden das Grab leer. Nur ein Jüngling ist da, der ihnen sagt: Entsetzt euch nicht! Jesus von Nazareth, der Gekreuzigte, der, den ihr sucht, der ist nicht hier. Er ist auferstanden. Auf diese Ansage folgt der Auftrag: Geht aber hin und sagt seinen Jüngern und Petrus, dass er vor euch hingeht nach Galiläa; da werdet ihr ihn sehen, wie er euch gesagt hat.

Und sie sagten niemand etwas; denn sie fürchteten sich

Die Reaktion der Frauen auf diese Botschaft ist blankes Entsetzen. Kein befreites Lachen. Keine triumphierende Osterfreude. Sondern panische Flucht – und vor allem:

Sie sagen kein Wort, zu niemand. Zu groß die Furcht. Zu groß das Entsetzen! Das Schweigen der Frauen am Ostermorgen, von dem Markus als einziger der Evangelisten erzählt, berührt mich jedes Jahr aufs Neue.

Das Entsetzen der Frauen hält nämlich wach, was sich in unserem Denken und Glauben schon längst abgeschliffen hat: Die Auferstehung Jesu Christi ist nicht von dieser Welt und mit unseren Möglichkeiten nicht zu fassen. Die Auferstehung Jesu Christi ist ein Ereignis, das unseren Verstand übersteigt, uns sprachlos macht und verstummen lässt. Kein Wunder, dass Spätere diesen ursprünglichen Schluss des Markusevangeliums nicht mehr ausgehalten haben. Die Spannung war zu groß. Die Verstörung zu heftig.

Mehr ist manchmal weniger

Einige Zeit nach Abfassung des Markusevangeliums wird ein zweiter Schluss an dieses Evangelium angehängt. Eine Art Zusammenfassung aller Oster- und Erscheinungsgeschichten – im Zeitraffer erzählt. In diesen Versen ist dann von Maria Magdalena die Rede, die von der Auferstehung Jesu erzählt und der man nicht glaubt. Auch die beiden Jünger auf dem Weg nach Emmaus werden erwähnt. Und schließlich wird die Sendung in die Welt zitiert – mit dem Taufbefehl des Auferstandenen und die Sendung der Seinen in die Welt. Gut geht es aus.

In diesem angehängten Schluss ist nicht mehr von Entsetzen, von Furcht und Zittern die Rede, sondern von den großen Taten der Apostel: „Sie aber zogen aus und predigten an allen Orten. Und der Herr wirkte mit ihnen und bekräftigte das Wort durch die mitfolgenden Zeichen."

Ende gut alles gut. Und trotzdem scheint mir, dass das „Mehr“ des zweiten Schlusses ein herber Verlust ist. Es verschüttet nämlich die Frage, warum Markus ein Evangelium eigentlich ganz anders enden ließ. So enden ließ, dass wir uns nicht erhoben und begeistert zurücklehnen, sondern verstört fragen: Wie geht es nun weiter?

Wie geht es weiter?

Nach dem Ende „Und sie sagten niemandem etwas; denn sie fürchteten sich“ müssen wir weiterfragen: Wie kommt es, dass wir die Botschaft des Engels hören? Auf welchen Wegen erreicht sein Osterzeugnis unser Herz?

Der verstörende Schluss des Markus spricht uns direkt an und fordert uns heraus. Dieser offene Ausgang sucht nach Antwort. Sucht nach unserer Antwort. Sucht danach, was wir aus diesem Ostermorgen in unserem Leben machen. Fordert uns auf, die Osterbotschaft in unser Leben aufzunehmen.

Wenn es ein Ereignis gibt, das uns in die Verantwortung nimmt, dann ist es der Ostermorgen – mit seiner grundstürzenden Botschaft: Der Herr ist nicht hier. Er ist auferstanden! Die Stätte, wo er gelegen hat, ist leer.

Die Frage an uns ist deshalb: Wollen wir schweigen wie die Frauen? Oder machen wir den Mund auf und erzählen von der Hoffnung, die in uns ist?

Ich glaube, dass Markus das eben von uns wollte und dass er uns mit dem offenen Ausgang seines Evangeliums zugleich auch sagen wollte: Zum Ostermorgen gehört das Zittern und Zagen, das kaum wagt, das Unfassbare in unsere armseligen Worte zu kleiden. Aber versucht es trotzdem. Erzählt das Osterevangelium weiter. Erzählt eure

Ostergeschichte, auch wenn ihr meint, ihr könntet nur stammeln und stottern.

Eine Brücke zu Ostern

Das Markusevangelium baut eine Brücke zum Osterfest – gerade auch für die, denen es nicht zum Lachen, sondern viel eher zum Weinen zumute ist. Eine Brücke zu denen, die nicht sicher sind, ob sie das denn glauben können. Und auch zu solchen, denen diese Botschaft viel zu groß ist, die nur das glauben wollen, was sie mit Augen sehen und mit eigenen Händen anfassen können.

Markus nimmt sie und uns an die Hand und zeigt uns, dass es den Frauen am Ostermorgen ganz ähnlich ging. Auch ihnen, war noch nichts klar. Und sie mussten sich erst einmal wieder neu sammeln und ganz neu ausrichten.

Die Alten haben gesagt: Der Tod tritt ein, wenn das Ende nicht mehr an den Anfang zurückfindet. Am Ostermorgen findet das Ende seinen Anfang. Dorthin sollt ihr gehen, wo alles angefangen hat. Geht nach Galiläa – und er wird euch vorangehen – das ist die Botschaft des Boten. Und wie hat es angefangen?

Mit dem Anfang anfangen

„Dies ist der Anfang des Evangeliums von Jesus Christus, dem Sohn Gottes" – mit diesen Worten beginnt das Markusevangelium. An diesen Anfang kehren wir zusammen mit den Frauen zurück – und lesen und hören, was über diesen Jesus erzählt wird. Über ihn, der die Dämonen austrieb, die Kranken heilte, Menschen fragte, was soll ich dir tun, und der Sünden vergab. Im Markusevangelium wird das Ende mit dem Anfang verwoben, und der Auferstandene geht voran und zeigt den Weg.

So führt der Auferstandene uns an Ostern ins Weite, aus der Abgeschlossenheit der Trauer hinein in die Welt. Jesus Christus – gestern, heute und derselbe auch in Ewigkeit – auf diese Formel bringt die nachösterliche Gemeinde ihre Erfahrung mit dem Auferstandenen. Sie besagt: Christus ist uns zu allen Zeiten gegenwärtig. Er umschließt Vergangenheit, Gegenwart und Zukunft. Und wenn wir meinen, wir wären allein und verlassen und es gäbe keine Hilfe, dann sollen wir es uns sagen lassen: Er ist nicht tot. Er lebt.

Und wo wir in Trauer versinken wollen, nichts anderes mehr sehen als Tod, da hören wir seinen Ruf: Ich gehe euch voran. Folgt mir nach.

Am Ostermorgen hören wir aus dem Mund des Engels: Jesus ist keine Gestalt der Vergangenheit, sondern lebendige Gegenwart. Damit ist noch nicht alles gut. Die Welt mit ihren Schrecken bleibt ja, wie sie ist. Und wir werden schwer gebeutelt und oft genug auch herausgefordert. Wir sind angefochten in unserem Glauben, in unserer Hoffnung und in unserer Liebe. Und manchmal verschlägt es uns auch die Sprache – und wir wissen nicht, was jetzt zu sagen wäre. Aber in dem allem sind wir nicht ohne Trost.

Denn Er, der von den Toten auferstanden ist, spricht zu uns. Er sagt: „Ich war tot, und siehe, ich bin lebendig von Ewigkeit zu Ewigkeit und habe die Schlüssel des Todes und der Hölle."

Gabriele Wulz

Lied EG 112, 1 Auf, auf, mein Herz, mit Freuden

Gebet

Herr, unser Gott,
du hast dem Tod die Macht genommen
und das Leben und ein unvergängliches Wesen
ans Licht gebracht durch das Evangelium
von der Auferweckung Jesu Christi von den Toten.
Wir können dieses Geschehen nicht fassen,
aber wir wollen leben im Licht von Ostern,
im Licht deiner Herrlichkeit.
Wir wollen leben im Vertrauen,
dass der Auferstandene uns ins Leben ruft,
Wir bitten dich: Überwinde unser Schweigen
und unser Verstummen
und lass uns dich und deine Taten loben vor aller Welt.
Amen.

Seid stets bereit, jedem Rede und Antwort zu stehen, der von euch Rechenschaft fordert über die Hoffnung, die euch erfüllt.

1. Petrus 3,15

Hoffen lernen

„Es kommt darauf an, das Hoffen zu lernen", schreibt Ernst Bloch im Vorwort seines philosophischen Werks „Das Prinzip Hoffnung", das von 1938 bis 1947 im Exil in den USA entstand. Wie soll das gehen? Zunächst erscheint das bei Bloch ganz einfach: Der Mensch hat von klein auf Wünsche, die er nach und nach ausbaut, zunächst ins Blaue hinein, dann immer gezielter.

Aber sind Wünsche schon Hoffnungen? Ist Hoffnung nicht viel mehr eine Überlebensstrategie, die herausführt aus Situationen der Unterdrückung, der Gewalt, der tödlichen Bedrohung?

Insofern ist Hoffnung der die Botschaft der Bibel dominierende Impuls. Dieser Impuls kann Menschen immer wieder in Bewegung setzen.

Nicht bloß zufällig ist die Exodus-Erzählung der Hebräischen Bibel zum entscheidenden und unterscheidenden Narrativ, zur sinnstiftenden Erzählung Israels geworden. Sie stellt die innere und äußere Identität des Gottesvolks dar: Israel nimmt sich selbst als von Gott erwähltes und aus Unterdrückung befreites Volk wahr und beschreibt sich in seiner Gesamtheit – und durch die Jahrhunderte hindurch auch so.

Ich erinnere mich an den israelischen Tourguide Michael Noam. Er leitete seine Erläuterungen vor den alten Steinen in Jericho mit den Worten ein: „Vierzig Jahre sind wir durch die Wüste gezogen. Und als wir dann über den Jordan kamen ..."

„Wir". Er hat tatsächlich „wir" gesagt. Seine Identifikation mit der Gruppe von Menschen, die in grauer Vorzeit aus Ägypten geflohen waren und sich irgendwo im Land diesseits und jenseits des Jordans niederließen, war vollkommen: „Wir" waren das, „wir" sind das.

Die Erinnerung wird in der Gegenwart aktuell. Und sie hilft auch zur Deutung des eigenen Lebens. Denn auch Michael Noams Familie gehört zu den Verfolgten des Naziregimes und hatte viele Ermordete zu beklagen. Er aber und mit ihm viele andere bilden das neue „Wir" der Geretteten und Überlebenden im neu gegründeten Staat Israel.

Die Erinnerung an einmal geschehene Befreiung setzt neue Hoffnung frei. Diese Hoffnung wurde schon im Babylonischen Exil (597–539 v. Chr.) aufgerufen. Und sie verhinderte auch den Untergang des Judentums nach der Katastrophe im Jüdischen Krieg (66–70/73 n. Chr.).

Um das Hoffen zu lernen, muss man offenbar die Erinnerung pflegen. Und man muss in der Lage sein, ihr befreiendes Potential zu heben.

Hoffnung als Überlebensstrategie im Diesseits

Der Apostel des 1. Petrusbriefs schreibt gegen Ende des 1. Jahrhunderts an die Christinnen und Christen in Kleinasien. In diesem Rundbrief weist er mehrfach darauf hin, dass seine Adressaten früher „Heiden" waren, also nicht zum Gottesvolk gehörten. Zugleich legt er großen Wert darauf, sie nun im Volk Gottes zu beheimaten: „Ihr aber seid ein auserwähltes Geschlecht, eine königliche Priesterschaft, ein heiliger Stamm, ein Volk, das sein besonderes Eigentum wurde, damit ihr die großen Taten dessen verkündet, der euch aus der Finsternis in sein wunderbares Licht gerufen hat. Einst wart ihr kein Volk, jetzt aber seid ihr Gottes Volk“ (2,9; vgl. Exodus 19,5f).

Damit knüpft der Apostel an die Theologie der Hoffnung der Hebräischen Bibel an. Die Christinnen und Christen Kleinasiens werden am Ende des 1. Jahrhunderts offenbar vor allem sozial ausgegrenzt; eine systematische Verfolgung wird noch nicht erkennbar.

Der Apostel kann daher der „Überlebensstrategie Hoffnung“ einen völlig anderen Akzent als das Exodusbuch der Hebräischen Bibel geben. Während es dort einen Aufschrei gegen das Unrecht gibt (Exodus 6,5f), mahnt der Apostel zu Demut nach dem Vorbild Christi. Er zeichnet die asketischen Ideale vor, die von den Wüstenvätern und -müttern ab dem 3. Jahrhundert stark gemacht werden. Sklaven und Frauen werden zu Gehorsam, ja sogar Unterwerfung angehalten.

Das mag als kurzfristige Überlebensstrategie in einer akuten Notlage hilfreich sein. Der Hoffnung auf das Reich Gottes, das Jesus Christus verkündigt hat, entspricht diese Empfehlung nicht. Wenn Jesus nach dem Lukasevangelium zu den Pharisäern gesagt hat „Das Reich Gottes ist mitten unter euch!“ (Lukas 17,21), dann hat er weder ein Reich der Innerlichkeit noch ein Reich im Jenseits gemeint.

Unser Rundbrief verschiebt die Hoffnung aber offenbar genau dorthin: „Er hat uns in seinem großen Erbarmen neu gezeugt zu einer lebendigen Hoffnung durch die Auferstehung Jesu Christi von den Toten, zu einem unzerstörbaren, makellosen und unvergänglichen Erbe, das im Himmel für euch aufbewahrt ist“ (1,3f).

Hoffnung auf ein besseres Jenseits als Überlebensstrategie im Diesseits? Meint der Apostel das wirklich so? Und kann das heute noch eine echte christliche Glaubensperspektive sein?

Rede und Antwort

Vielleicht urteilen wir kurzschlüssig, wenn wir meinen, der 1. Petrusbrief vertröste nur aufs Jenseits. Vielleicht verstehen wir ihn besser, wenn wir annehmen, dass die Idee des Reiches Gottes unserem Zugriff entzogen ist, also in diesem Sinne „unzerstörbar, makellos, unvergänglich". Und so wie diese Idee vom Reich Gottes durch die ersten Christinnen und Christen nicht einfach ihren eigenen Ideen angepasst, nach ihren Vorstellungen verstanden und anderen aufgezwungen werden konnte, so kann sie auch nicht von allen späteren Generationen manipuliert und verändert werden.

Alle, die versucht haben, das Reich Gottes nach ihren eigenen Vorstellungen umzusetzen, mussten scheitern. Denn es entzieht sich jedem weltanschaulichen menschlichen Missbrauch.

Und genau darin muss unsere Hoffnung bestehen: In der selbstbewussten Gelassenheit, die die Rettung der Menschen nicht vom eigenen Tun, sondern von Gottes Handeln abhängig macht. Und in der Bereitschaft, sich einzusetzen für das, was er uns im Geist Christi an Aufgaben zutraut.

So lebte auch der Pfarrer, Bußprediger und Seelsorger in Bad Boll Christoph Blumhardt unter dem Motto, das gut schwäbisch beides ausdrückt: „Warten und Pressieren". Von 1901 bis 1906 vertrat er die Armen auch politisch und ging für die SPD in den württembergischen Landtag.

An seiner radikalen Reich-Gottes-Erwartung hielt er sein Leben lang fest.[1]

Da ist sie wieder einmal aufgeblitzt, die Hoffnung, die an die Überwindung von Unterdrückung und Gewalt glaubt und für das Leben eintritt. Ganz diesseitig einer „himmlischen" Idee folgend. Und genau dazu braucht es auch heute unsere Bereitschaft: „Seid stets bereit, jedem Rede und Antwort zu stehen, der von euch Rechenschaft fordert über die Hoffnung, die euch erfüllt" (1. Petrus 3,15).

Brigitte Müller

Lied EGWü 576 Meine Hoffnung und meine Freude

Gebet

„Komme, was mag. Gott ist mächtig!
Wenn unsere Tage verdunkelt sind
und unsere Nächte finsterer als tausend Mitternächte,
so wollen wir stets daran denken,
dass es in der Welt eine große, segnende Kraft gibt,
die Gott heißt.
Gott kann Wege aus der Ausweglosigkeit zeigen.
Er will das dunkle Gestern
in ein helles Morgen verwandeln,
zuletzt in den leuchtenden Morgen der Ewigkeit."[2]

Martin Luther King (1929–1968)

---

1 Paul Dieterich: Christoph Blumhardt. Warten und Pressieren, Denkhaus Verlag, Nürtingen 2019.

2 Zitiert nach: https://www.evangeliums.net/zitate/martin_luther_king.

Monatsspruch für Mai

Alles ist mir erlaubt, aber nicht alles dient zum Guten. Alles ist mir erlaubt, aber nichts soll Macht über mich haben.

1. Korinther 6,12

„O ihr Korinther"

Korinth: die Handels- und Wirtschaftsmetropole im damaligen hellenischen Reich – bekannt vor allem durch seinen Hafen, das „Tor zur Welt". Das internationale Flair hat allerdings eine Kehrseite: In der Bevölkerung stoßen die verschiedensten Nationalitäten, Religionen und Kulturen aufeinander, da rappelt's im Karton. Auch sozial ist die Stadt tief gespalten: Wenige Steinreiche beherrschen die Szene, zwei Drittel der Bevölkerung aber leben in extremer Armut: Matrosen, Hafenarbeiter mit ihren Familien, Fuhrleute, Dienstmädchen neben Erwerbslosen und Bettelvolk auf der Straße. Zu einer Hafenstadt gehört immer auch „St. Pauli", das Rotlicht-Viertel. Es fehlte vermutlich nicht an einschlägigen Etablissements. Vielen Prostituierten von damals mag es nicht anders ergangen sein als manchen von heute: Frau muss „anschaffen gehen", um überhaupt zu überleben. In diesem Hafen-Milieu darf man die christliche Gemeinde von damals vermuten. Es kracht immer wieder im Gebälk, Paulus wird ständig bedrängt und attackiert. Diese Gemeinde ist sein Sorgenkind und bringt ihn fast zur Verzweiflung. „O ihr Korinther", bricht es einmal aus ihm heraus, „wie eng ist's in euren Herzen" (2. Korinther 6,11).

Mit seiner Aussage: „Alles ist mir erlaubt" greift Paulus vermutlich einen damals in Korinth gängigen Slogan auf, mit dem die „Freier" ihre Hurerei vor anderen und sich selbst zu rechtfertigen suchten. „Ist ja nichts dabei", würde man heute sagen, „das machen doch alle". Mit solchen Floskeln sucht man seine maßlose Gier zu verharmlosen – in diesem Fall die sexuelle Gier.

Gierhälse

„Was ist das für ein Tier, die Gier?", fragt der Kabarettist Wilfried Schmickler in seinem Gedicht. „Es frisst an mir, es frisst in dir, will mehr und mehr und frisst uns leer", so fährt er fort. Die Gier, dieses Tier ist eine Schimäre und wechselt sein Erscheinungsbild nach Belieben. In der Betriebsseelsorge begegnet es mir seit Jahrzehnten in der Form der „Hab-Gier". Sie ist eine der schlimmsten menschlichen Un-Tugenden, in der katholischen Kirche früher sogar als „Todsünde" gehandelt. Im Kapitalismus aber wird sie zur „Tugend", zur anerkannten Triebfeder wirtschaftlichen Handelns. „Triebgesteuert" verfolgt dieses System bekanntlich nur ein einziges Ziel: die Mehrung des eingesetzten Kapitals, Rendite und Gewinne. Die Renditeträchtigkeit entscheidet an den Kapitalmärkten, in Banken und Konzernzentralen über Investitionen, De-Investitionen, Märkte, Standorte und Arbeitsplätze. Klar, verantwortliches Unternehmertum hat da nie mitgespielt, läuft aber immer Gefahr, in den Strudel mit hineingerissen zu werden. Wer im Kapitalismus mithalten will, darf in der Auswahl der Mittel nicht besonders wählerisch sein!

Es ist vor allem der Internationale Finanzkapitalismus, der mit Schein- und Leerkäufen, „Finanz-Produkten" wie Derivaten und Kredithandel zum „Casino-Kapitalismus" mutiert ist. Immer wieder kommt es zum Crash, weil die Gierhälse nicht genug bekommen und Finanzhaie sich verzocken. Sie tanzen mit höchstem Risiko, ohne Netz und doppelten Boden, das heißt mit viel zu wenig Eigen-Kapital, auf dem Hochseil. Wäre ja weiter nicht schlimm, aber am Tropf der Finanzmärkte hängen Geschäftsbanken, Konzerne, die Gesamtwirtschaft und nicht zuletzt die Regierungen und wir alle. Dann bleibt am Ende nichts anderes, als teure Rettungsschirme aufzuspannen, um den Komplett-Zusammenbruch der Wirtschaft zu verhindern. Darauf spekulieren die Zocker, dass Gewinne privatisiert, Verluste aber sozialisiert, d.h. auf uns alle abgewälzt werden.

Der Finanzkapitalismus terrorisiert in seiner Gier die reale Wirtschaft und überzieht sie mit horrenden Gewinnerwartungen. Die Folge ist ein ruinöser Wettbewerb, der ganze Unternehmen zugrunde richtet. Verlagerungen, ständige Umstrukturierungen, am Ende Schließungen und Entlassungen sind die bitteren Folgen. Wir von der Betriebsseelsorge protestieren dann mit wütenden und weinenden Menschen wie vor einiger Zeit bei Galeria-Kaufhof – meist vergeblich.

„Alles ist erlaubt ..." – das ist das Glaubensbekenntnis der Neo-Liberalen. „Aber nicht alles dient zum Guten", muss man ebenso kritisch wie Paulus einst in Korinth vermerken. Eine Wirtschaft, die – von unermesslicher Gier getrieben – sich im weltweiten Verdrängungs- oder gar Vernichtungswettbewerb aufreibt, spaltet die Menschheit in Gewinner und Verlierer und dient nicht dem Guten, dem für alle auskömmlichen Leben. Mahatma Gandhi hat recht mit seinem prophetischen Wort: „Die Welt hat genug für jedermanns Bedürfnisse, aber nicht für jedermanns Gier!" Der Kapitalismus versündigt sich überdies an der Umwelt, plündert den Planeten, vermüllt ihn mit Abfall und Emissionen. Er vergreift sich auch am kostbaren Gut der menschlichen Arbeit. Sie wird, wenn sich die Arbeitenden nicht wehren, instrumentalisiert und ausgebeutet. Wo man sie nicht mehr benötigt, wirft man sie als Arbeitslosigkeit der Gesellschaft vor die Füße.

Prophetischer Fingerzeig

„Nicht alles dient zum Guten“ – das provoziert kirchlich-prophetische Kritik. Kaum im Amt schockierte damals Papst Franziskus die Weltwirtschaft mit seiner Aussage: „Diese Wirtschaft tötet!“ Und bekam ordentlich Ärger. Er hält das „Prinzip der Gewinnmaximierung“ für eine „Verzerrung des Wirtschaftsbegriffs“. Mir scheint, die Menschheit hat nur noch ein Spiel frei: Entweder lernt sie das Teilen und macht sich Teilen zum Konzept, oder die Welt wird unregierbar und versinkt in Chaos, Terror und Krieg. Die biblische Ökonomie basiert nicht wie die der Baals-Religionen auf Wachstum und Wettbewerb, sondern auf dem Prinzip des Teilens unter Beteiligung aller. Es ist genug für alle da, wenn alle gemeinsam Hand anlegen und eine bedürfnisgerechte Politik die Zuteilung reguliert.

Not wendend geht es um nichts Geringeres als um eine neue Welt-Wirtschaftsordnung. Ein Wirtschaftssystem – von Profitgier getrieben – ist nicht zukunftsfähig. Wirtschaft muss noch einmal neu erfunden und ethisch neu verankert werden. Es ist „nicht mehr alles erlaubt“, sondern nur noch, was weltweit der Gerechtigkeit und dem guten Leben für alle dient. Als Kirchen stehen wir in der Pflicht, die biblische Botschaft in die (wirtschafts-) politische Debatte einzubringen. Hilfreich sind dabei die Impulse und Leitsätze der Sozialethik: „Gemeinnutz statt Eigennutz“, wie es in einer Denkschrift heißt.

Ich träume von einem überkonfessionellen, vielleicht sogar interreligiösen „Welt-Wirtschaftsrat“, in dem Kapitalgeber, Wirtschaftsfachleute, Frauen und Männer aus den Gewerkschaften und vor allem die Armen aus aller

Welt um eine „Gemeinwohl-Ökonomie“ ringen. Eine zukunftsfähige Wirtschaft müsste meiner Meinung nach eine soziale, nachhaltige und demokratische Markt-Wirtschaft sein. Keine staatliche „Planwirtschaft“, wohl aber eine Ökonomie, in der die „Politik“ und nicht der „Markt“ die Richtlinien bestimmt. Markt und Wettbewerb dürfen nicht länger das Wirtschaftsgebaren dominieren, sie müssen durch die Prinzipien „Kooperation“ und „Gerechtigkeit“ ersetzt werden. Staatlich belohnt wird zukünftig nur noch, was der Gerechtigkeit und dem Gemeinwohl dient.

Die Gier in mir

„Nichts soll Macht über mich haben“, mahnt der Apostel im zweiten Halbvers und meint damit uns selbst. Auch uns als Konsumenten ist nicht alles erlaubt. Der Kapitalismus hat es prächtig verstanden, auch bei uns die Gier wach zu kitzeln. Billig aber ist nicht immer gut, selbst dann, wenn die Produkt-Qualität stimmt. Was weiß man um die Arbeitsbedingungen an den Produktionsstätten und in den Handelsketten? Wie steht es um gerechten Lohn, Mitbestimmung und Arbeitsschutz? Was ist mit Tierwohl und Nachhaltigkeit? Vergleichbar der „Stiftung Warentest“ bräuchten wir schon lange eine internationale Datenbank mit Informationen über soziale und ökologische Standards von Firmen und Produkten. Dann könnten wir unsere Kaufentscheidungen bewusster treffen und ethisch begründen. Preis und Preisvergleiche allein taugen auf keinen Fall. Mit Schnäppchen kann man viel Unheil anrichten. In Kirchengemeinden und Kommunen müsste es selbstverständlich sein, dass nur noch fair gehandelte Produkte eingekauft und verkauft werden. Unsere Favoriten sind nicht große Handelsketten, schon gar nicht der Internet-Handel, sondern – soweit möglich – „Eine-Welt-Läden“ und kleinere Geschäfte.

Christliche Gemeinden könnten über Kochwerkstätten, Einkaufs-Initiativen und andere Gruppen nicht nur Arme speisen, sondern Menschen dazu verhelfen, sozial und ökologisch (und preiswert!) zu konsumieren, damit die Gier nicht die Übermacht gewinnt oder behält. Mit jungen Menschen müsste man vor allem den bewussten Umgang mit den fälschlich so genannten „Sozialen Medien" einüben. Viele Jugendliche sind bereits von dieser „Droge" abhängig und landen – sprach- und begegnungsunfähig – in sozialer Vereinsamung.

Gier macht einsam – Teilen macht reich!

Mir scheint es wichtig, dieses Paulus-Wort nicht einfach als „Droh-Botschaft" stehen zu lassen, sondern weiter zu fragen: Was führt denn zum Guten? Die Antwort der Bibel ist eindeutig: Teilen, was wir haben. Teilen und Mit-Teilen verbindet. Es ist letzten Endes nur die Liebe, die wirklich glücklich macht.

Paul Schobel

Lied EG 418 Brich dem Hungrigen dein Brot

Gebet
Guter Gott, Gier macht einsam, nur „Teilen" macht reich.
Dein Sohn Jesus Christus hat aus Liebe sein Leben
mit uns Menschen geteilt.
Er weiß um unsere Schwäche,
nur den eigenen Vorteil zu suchen
und damit andere zu benachteiligen.
Lass uns seinem Beispiel folgen,
miteinander zu teilen, was wir haben.
Gib uns Mut, uns auch politisch für Gerechtigkeit
und Gemeinwohl einzusetzen,
damit alle gut zu leben haben. Amen.

Monatsspruch für Juni

Mose sagte: Fürchtet euch nicht! Bleibt stehen und schaut zu, wie der HERR euch heute rettet!

Exodus 14,13

„Fürchtet euch nicht!" Moses Aufforderung, die am Beginn des Monatsspruchs für Juni steht, ist ein richtiger Bibelklassiker. Fürchtet euch nicht – immer wieder sagt Gott das zu Menschen, die aufgeschreckt und ängstlich sind. Oder lässt es ausrichten, durch seine Engel oder Propheten.

Nimmt man aber die Situation in den Blick, in der sich die Israeliten befinden, ist das, was Mose da in Gottes Namen sagt, doch sehr erstaunlich: Ägypten liegt hinter ihnen, die Flucht aus der Sklaverei ist gelungen. Jetzt lagern sie am Schilfmeer, Männer und Frauen, Kinder und Alte. Endlich eine Rast auf der erschöpfenden Wanderung. Ihr Blick schweift in die Ferne – und dann das: Das Heer des Pharao rast heran, Schlachtrosse in vollem Galopp, Streitwagen mit bewaffneten Kämpfern. Der Fluchtweg ist abgeschnitten. Vor ihnen das Meer, hinter ihnen die Feinde. Panik steigt auf. Und noch etwas: Wut. Es wäre besser gewesen, als Sklaven in Ägypten zu bleiben als hier zu sterben, werfen sie Mose vor. Mitten hinein in diese ausweglose Situation, mitten hinein in Wut und Panik sagt Mose: „Fürchtet euch nicht!" Wirklich? Wie sollten sie sich nicht fürchten!

Hab' keine Angst – manchmal sage ich das auch und meine es beruhigend. Aber wenn ich darüber nachdenke, ist es eigentlich seltsam. Als ob man jemanden, der nun mal Angst hat, dazu auffordern kann, sie nicht zu haben.

Bleibt stehen und schaut zu – ein herausfordernder Auftrag

Was Mose danach sagt, ist erst recht eine Herausforderung: „Bleibt stehen!" Der Reflex wäre doch: Renn um dein Leben. Versteck dich. Tu irgendetwas, damit sie dich nicht kriegen. Oder zumindest nicht deine Kinder. Aber genau das sollen die Israeliten nicht tun. Sie sollen eigentlich überhaupt nichts tun. Sondern im Gegenteil: stehenbleiben und zusehen. „Der Herr kämpft für euch, ihr aber könnt ruhig abwarten", heißt es im nächsten Vers (Exodus 14,14).

Die Erzählung von der Rettung am Schilfmeer ist für Israel identitätsstiftend. Die Hebräische Bibel nimmt immer wieder darauf Bezug. Psalmen rühmen die Rettungstat Gottes (Psalm 77,17ff; Psalm 79,13f; Psalm 106,9ff; Psalm 136,11ff), Propheten ziehen Parallelen zwischen dem Auszug aus Ägypten und Ereignissen in ihrer Gegenwart (vgl. Jesaja 43,16f; 51,10; 63,11ff).

Schon früh haben Bibelwissenschaftler aber auch erkannt, dass die Geschichte, wie sie in 2. Mose 14 erzählt wird, Wiederholungen und Widersprüche enthält. Und sie haben daraus geschlossen, dass hier unterschiedliche Erzähler am Werk waren, deren Erzählungen ineinandergeflossen sind. Gemeinsam ist ihnen die Einsicht, dass es Gott selbst ist, der Israel in dieser scheinbar ausweglosen Situation rettet. Aber es gibt auch Unterschiede.

Bildmächtig ist vor allem die Version, in der Mose die Hand über das Meer reckt, das sich teilt. Die Israeliten setzen sich in Bewegung und ziehen trockenen Fußes hindurch, das Heer des Pharao, das ihnen folgt, ertrinkt, als die Fluten über ihnen zusammenschlagen (Exodus 14,16 und 21b–23.26.28ff).

Die andere Fassung, zu der unser Monatsspruch gehört, versteckt sich dazwischen. In dieser Version ist alles menschliche Mitwirken ausgeschlossen. Allein Jahwe handelt. Über Nacht lässt er einen starken Ostwind aufkommen, der das Wasser wegtreibt. Als der Morgen anbricht, kehrt das Meer zurück und die Ägypter werden von den Fluten überspült (Exodus 14,21a und 27b). Es ist nicht davon die Rede, dass das Volk Israel durch das Meer hindurchzieht. Es genügt, dass sie von ihrem Lagerplatz dem Untergang der Ägypter zusehen, also genau das tun, was Mose ihnen gesagt hat: „Bleibt stehen und schaut zu, wie der Herr euch heute rettet!"

Verhaltet euch ruhig und lasst Gott handeln. Ich merke: Nicht nur für die Israeliten damals war diese Aufforderung eine Herausforderung. Auch für mich heute ist es schwer, diese Haltung einzunehmen. Und zwar nicht nur in akuter Gefahr, sondern auch in alltäglichen Situationen. Ich bin gewohnt, die Dinge möglichst selbst in die Hand zu nehmen – für mich, und wenn nötig auch für andere. Und will Gott das nicht auch so? Er hat uns doch geschaffen als aktive Menschen, mit Kopf, Herz und Hand – und nicht dafür, nur still zu halten und zuzuschauen.

Allerdings: Diese Haltung – oder eher Zurückhaltung – wird in der Bibel immer wieder angemahnt. Es geht darum, Gott handeln zu lassen – und im Vertrauen auf ihn ruhig zu bleiben, still zu halten.

Im politischen Kontext ist es vor allem der Prophet Jesaja, der in Gottes Namen dazu rät. In Jesaja 7 ermutigt er den König Ahas, angesichts der Kriegsgefahr nicht nervös zu werden, sondern abzuwarten und ruhig zu bleiben.

Und auch in Jesaja 30 richtet er aus: „im Stillhalten und Vertrauen liegt eure Kraft“ (Jesaja 30,15).

Bekannter noch sind die auf das persönliche Leben ausgerichteten Ratschläge aus Psalm 37: „Befiehl dem Herrn deine Wege und hoffe auf ihn, er wird's wohlmachen“ (Psalm 37,5). Und noch eindeutiger heißt es in den Versen danach: „Sei stille dem Herrn und warte auf ihn [...], entrüste dich nicht, damit du nicht Unrecht tust“ (Psalm 37,7f).

Man kann solche Verse missbrauchen, um Menschen ihre revolutionären Ideen, ihren Widerspruchsgeist, im schlimmsten Fall sogar jede Eigeninitiative auszutreiben. Und dass sie lange als Denkspruch zur Konfirmation beliebt waren, hat sicher vor allem seinen Grund in ihrem tröstlichen Grundton – vielleicht in einzelnen Fällen aber auch in dem Wunsch, die Teenager zu angepasstem Verhalten zu ermutigen.

Heißt Gottvertrauen also Stillhalten? Ich habe den Eindruck: Manchmal ja. Aber nicht immer. Um das zu unterscheiden, hilft es, noch einmal auf den ersten Satz zurückzukommen, den Mose sagt: Fürchtet euch nicht! Und darauf zu schauen, wie das möglich ist – sich in Gefahr nicht zu fürchten.

Fürchtet euch nicht – eine wichtige Übung

Ronja, die Räubertochter aus dem Kinderbuch von Astrid Lindgren, wohnt mit ihren Eltern auf der Mattisburg im Mattiswald. Dort lauern viele Gefahren. Deshalb, so sagt es ihre Mutter, „ist man im Mattiswald am sichersten, wenn man sich nicht fürchtet.“ Daraufhin, so erzählt Astrid Lindgren, übt sich Ronja, keine Angst zu haben. Auf ihre eigene Weise.

Hüte dich davor, in den Fluss zu plumpsen, hatte ihr Vater ihr eingeschärft. Und „darum sprang sie", schreibt Astrid Lindgren, „am Ufer kühn und keck von einem glatten Stein zum anderen, dort wo das Wasser am wildesten toste. Schließlich konnte sie sich ja nicht im Wald davor hüten, in den Fluss zu plumpsen. Sollte das Sich-Hüten überhaupt von Nutzen sein, dann musste sie es bei den Stromschnellen und Strudeln und nirgendwo sonst üben."

Zugegeben, Ronjas Methode ist nichts für schwache Nerven. Aber ich glaube, sie ist gut. Hab' keine Angst – dazu kann man sich oder andere nicht einfach auffordern. Aber man kann es üben – genau da, wo die Angst steckt, an den Stromschnellen des Lebens sozusagen. Und es ist gut, wenn wir einander – und auch unseren Kindern oder Enkeln – genau dazu Mut machen.

Und ich habe gemerkt: In vielen Geschichten in der Bibel ist es ähnlich. Fürchte dich nicht – sagt Gott oft. Aber er gibt den Menschen meist auch eine Aufgabe – und zwar genau die, vor der sie sich fürchten. Er schickt den Propheten Jeremia los, um vor allen Leuten zu reden, obwohl er sich dafür noch viel zu jung fühlt (Jeremia 1). Und die erschrockene Maria lässt er wissen, dass ausgerechnet sie die Mutter eines ganz besonderen Kindes sein wird (Lukas 1).

Aber, so kann man nun einwenden: Ist das nicht genau das Gegenteil von dem, worum es in unserem Monatsspruch geht? Die Israeliten sollen der Gefahr ja eben nicht aktiv entgegengehen, sondern sie sollen passiv ausharren. Ich sehe aber doch eine Parallele: Es geht darum, im Vertrauen auf Gott an den Stromschnellen des Lebens genau das zu wagen, was einem schwerfällt oder Angst macht. Manchmal heißt das: Etwas tun, aktiv werden. Und manchmal eben auch: Ruhig bleiben, abwarten, nicht überhastet handeln. Das gilt in politischen Zusammenhängen – auch im lokalen – wo manchmal ein langer Atem gefragt ist und der Reflex, jetzt sofort irgendeine Maßnahme zu ergreifen, in die Irre führen kann. Und das gilt auch im persönlichen Bereich. Der Psalm 37 rät, so verstehe ich es, nicht dazu, alle Eigeninitiative einzustellen oder Unrecht klaglos über sich ergehen zu lassen. Er mahnt aber, sich nicht von blinder Wut leiten zu lassen, sondern überlegt vorzugehen. Und er macht Mut, die Hoffnung nicht zu verlieren, auch wenn kurzfristig nichts zu ändern ist.

Bleibt stehen und schaut zu, wie der Herr euch heute rettet

Wie aber entsteht das Gottvertrauen, das es möglich macht, der eigenen Angst so zu trotzen? Ich finde, der Monatsspruch bietet in sich schon eine kleine Vertrauensschule in drei Schritten. Der erste ist: Bleib stehen! Das heißt für mich: Unterbrich deine üblichen Wege und Gedanken und nimm dir Zeit. Der zweite ist: Schau hin! Betrachte dein Leben – was du tust, wohin du unterwegs bist, was dir geschieht, wem du begegnest. Und schließlich der dritte: Schau zu, wie der Herr dich heute rettet. Und ich bin sicher: Beim genauen Hinsehen findet sich immer auch ein Erlebnis, eine Begegnung, ein Wort, ein Gedanke, wo das zu erkennen ist. Ein Moment, und sei er noch so klein, in dem – vielleicht auch mitten im großen Unglück – etwas von Gottes Hilfe zu sehen ist.

Daraus, glaube ich, kann Vertrauen wachsen. Vertrauen, das es möglich macht, aktiv zu werden, trotz Angst und Zweifeln. Und Vertrauen, das ruhig werden lässt, gelassen und getrost – auch in Bedrängnis. Wie sich das anfühlt, das beschreibt wunderbar Psalm 131, das Gebet einer Pilgerin, die sagt: „Wie ein gestilltes Kind bei seiner Mutter, wie das gestillte Kind an meiner Brust – so ist meine Seele zur Ruhe gekommen“ (Psalm 131,2).

Karoline Rittberger-Klas

Lied EG 369 Wer nur den lieben Gott lässt walten

Gebet

Herr, Hochmut hat in meinem Herzen keinen Platz.
In meinen Augen liegt keine Überheblichkeit.
Ich habe mich nicht mit Dingen abgegeben,
die zu groß sind und zu wunderbar für mich.
Vielmehr fand ich zur Gelassenheit zurück,
und meine Seele konnte zur Ruhe kommen.
Wie ein gestilltes Kind bei seiner Mutter,
wie das gestillte Kind an meiner Brust –
so ist meine Seele zur Ruhe gekommen.
So soll auch Israel auf den Herrn warten
von heute an bis in alle Zukunft.

Psalm 131 (nach der Basisbibel)

Monatsspruch für Juli

Du sollst dich nicht der Mehrheit anschließen, wenn sie im Unrecht ist.

Exodus 23,2

Solche Texte werden gerne herangezogen, um exotische Meinungen zu legitimieren. Die Mehrheit hat nicht Recht, sondern die eigene Wahrnehmung, die eine Minderheit teilt. Für beinahe jede Meinung findet man auch eine*n Wissenschaftler*in, der/die die* eigene Meinung untermauert. Die Mehrheitsmeinung wird dann als „von Interessen gelenkt" oder als „Meinungsdiktatur" bezeichnet.

Leider gibt es immer wieder Fälle, wo wissenschaftliche Ergebnisse tatsächlich vom Geldgebenden bestimmt werden. Integre Wissenschaftler*innen lassen ihre Ergebnisse jedoch nicht kaufen.

Eine Meinungsdiktatur findet man in diktatorischen Regimen, allerdings nicht in Deutschland. Ich darf meine Meinung äußern, kann auf Demonstrationen gehen, habe freien Zugang zu Medien aller Art und kann selbst meine abstrusesten Gedanken in Blogs oder Büchern veröffentlichen. Ich muss nur damit klarkommen, dass meine Meinung hinterfragt und kritisiert wird und man mich auf falsche Schlüsse aufmerksam macht – ganz im demokratischen Sinn.

Wer also die Klimakatastrophe, die Corona-Maßnahmen, die Aufnahme von Geflüchteten, die Militärunterstützung der Ukraine, die Sanktionen gegen Russland, die NATO oder anderes in Deutschland kritisiert, sich auf

Demos begibt und seine Äußerungen laut äußert, kann in Deutschland nicht von Redeverbot, Unterdrückung, Diskriminierung oder Verfolgung reden. Sonst dürfte er oder sie dies alles nicht. Er oder sie muss sich jedoch damit auseinandersetzen, dass die eigene Meinung und die eigenen Erkenntnisse sich nicht wissenschaftlich belegen lassen und die Meinungsmehrheit in der Bevölkerung anders ist. Dadurch entstehen Gegenwind, Kritik und auch ein gewisser Erklärungsdruck, der vollkommen legitim ist. In einer Demokratie geht es um Austausch, Diskussion und Erklärungsnotwendigkeit der eigenen Meinung. Verboten wird in Deutschland nur verfassungsfeindliches Gedankengut sowie gewaltbereites und gewalttätiges Handeln.

Historisch

Wer diesen Vers aus seinem Zusammenhang reißt und damit sich und seine Meinung legitimiert, ist theologisch auf dem Holzweg. Zumal der Vers sich auf die Situation vor Gericht bezieht. Damals wie heute ist die Zeugenvernehmung ein wichtiger Bestandteil des Rechtswesens.

Ein Volk, welches sich erst finden muss, benötigt für sein Gemeinwohl Regeln. Nach der Flucht aus Ägypten erarbeitet sich das neue Stammesgebilde eine gemeinsame Kultur, die sich an Regeln und Begrenzungen halten möchte. Sie waren recht lose miteinander unterwegs gewesen. Einzig in der Regierungszeit der drei Könige Saul, David und Salomo war eine gemeinsame Entwicklung zu erkennen. Wie fragil dieses Stammesgebilde war, zeigt sich am anschließenden Auseinanderbrechen der Stämme in „Israel“ und „Juda“.

Doch die Regeln und Begrenzungen sollten für alle gelten, die in den zwölf Stämmen unterwegs waren, ob nun hineingeboren oder hinzugekommen. So entstanden sogar Regeln und Begrenzungen für Sklav*innen. Auch der Umgang mit Vieh war eingeschlossen. Grausame Erfahrungen sollten Fremde in den hebräischen Stämmen nicht mehr machen müssen.

Gott im Rechtswesen

Diese Überlegungen waren verbunden mit dem Glauben an den einen Gott. Allein Gott war man Rechenschaft schuldig. Vor Gott war das Leben der Menschen zu führen. Im Wissen um die Gegenwart Gottes. Im Wissen um die Lebensfreundlichkeit Gottes. Im Wissen darum, dass Gott alles Leben geschaffen hat und dass das Leben unter einem besonderen Schutz steht. Im Wissen darum, dass Gott Menschen zur Rechenschaft führt, die andere schädigen, am Leben hindern oder gar töten. Diese Rechenschaft wird von der Volksgemeinschaft eingefordert. Deshalb benötigt es eine Rechtsprechung: im Dorf, am Stadttor, vor Gerichten und letztlich im göttlichen Gericht.

Für dieses Gerichtswesen gibt nun unser Text eine klare Anweisung an die Zeug*innen: Lass dich nicht beeinflussen! Weder von der Menge noch von anderen Druckmitteln oder Verlockungen! Bleib bei dem, was du gesehen, gehört und wahrgenommen hast. Nur so kann das Gericht Recht sprechen! Nur so kann der/die Angeklagte sicher sein, einen fairen Prozess zu erhalten. Nur so kann der/die Kläger*in wissen, dass der Fall gerecht behandelt werden kann.

Dabei ist für den Zeugen bzw. die Zeugin wichtig, dass nicht die eigene Wahrnehmung Recht spricht, sondern die Aussage eine Rechtsprechung erst ermöglicht. Das Gericht muss darauf und auf anderen Beweisen basierend zu einem Urteilsspruch kommen. Das entlastet den Zeugen/die Zeugin.

Wie sehr dies in der jüdischen und in anderen Kulturen bis heute verwurzelt ist, zeigt sich zumindest in allen Rechtssystemen der westlichen Welt. Unbeeinflusste Zeug*innen sowie die Möglichkeit, die „Wahrheit" von Zeugenaussagen durch eidesstattliche Aussagen zu verfestigen inklusive der Strafbarkeit meineidlicher Aussagen, zeigen bis heute die Wichtigkeit eines fairen und wahrhaftigen Prozessgeschehens.

Zeugen im Neuen Testament

Die geschichtliche Verankerung zeigt sich beispielsweise rund um die Verurteilung Jesu. Der nächtlich zusammengerufene Hoherat braucht Zeugen für eine Verurteilung Jesu. Die Zeugen, so unsere Evangelien, widersprechen sich oder ihre Zeugenaussagen sind nicht belastbar. Auch der Hoherat hat zumindest eine Minderheit in sich, die eine Verurteilung Jesu nicht wünscht. Erst aufgrund der Bestätigung bzw. dem Nicht-Widersprechen des Vorwurfs durch Jesus selbst: „Bist du der Messias? Bist du der Sohn Gottes?" erfolgt die Verurteilung. Für andere Ausleger sind es die Aussagen Jesu gegen den Tempel, welche Jesus als Gotteslästerer überführen. Wir erkennen das „hohe Gut" der damaligen Rechtsprechung, selbst unter der Versuchung einer erhofften Verurteilung.

Auch die Zeugen bei Pilatus sind nicht überzeugend. Anders als in der Szene vor dem Hohenrat erscheint der Druck einer kleinen Ansammlung von Menschen ausschlaggebend für die Verurteilung zur Kreuzigung. Doch wer die Geschichte des Pilatus kennt und auch den Vorwurf „König der Juden" liest, weiß, dass der Druck dieser überschaubaren jüdischen Menge letztlich nicht verantwortlich war. Grund genug für eine Kreuzigung war für die römische Besatzungsmacht allein der Verdacht, dass sich jemand zu einem Anführer oder gar König ausrufen lassen könnte. Geht man vom Platz im Innenhof aus, so waren maximal hundert Personen da. Ein Leichtes für die Soldateska, diese zu vertreiben. In der Darstellung der Evangelien musste das „mitlesende" römische Imperium „besänftigt" werden. Deshalb durfte Pilatus und die römische Macht nur eine kleine Rolle spielen. Es ist historisch eindeutig, dass das römische Imperium einen „Aufständler" gekreuzigt hat und sich geistliche sowie politische Machtinteressen im Prozess verbunden haben.

Als drittes Beispiel, sei die Szene vor Herodes Antipas (Lukas) erwähnt: Die einzigen Zeugen sind die „führenden Priester und Schriftgelehrten". Auf sie hört Herodes Antipas nicht. Sie gelten für ihn nicht als Zeugen. Und Jesus schweigt. Also wird Jesus ohne Verurteilung wieder zu Pilatus zurückgeschickt.

Jesus und das Recht

Gehen wir einen Schritt weiter und schauen uns das Verhalten und Reden Jesu an. Eine Ehebrecherin wird ihm zugeführt. Eindeutige Beweise und Zeugenaussagen liegen vor. Das Gesetz verlangt die Steinigung. Doch Jesus weist darauf hin, dass die, die mit den Steinen werfen wollen, ebenfalls nicht schuldlos sind. Eine Verurteilung bleibt aus. Die Begründung, dass jede/r „Dreck am Stecken" hat, ist doch kein Grund, eine Verurteilung nicht durchzuführen. Der Text geht ein Stück weiter: Die Verurteilung Jesu bleibt aus. Dennoch erinnert er die Frau daran, dieses Verhalten abzulegen. Ein Neuanfang wird anstelle eines vollzogenen Todesurteils ermöglicht. Für Jesus steht der einzelne Mensch im Mittelpunkt der Entscheidung. Und die Frage: Wie kann Gott verändertes Leben ermöglichen?

Dies gipfelt in der Aussage in der Bergpredigt (Matthäus) oder in der Feldrede (Lukas), dass Jesu Nachfolger*innen über niemanden zu Gericht sitzen, sondern die Barmherzigkeit Gottes ins Leben tragen sollen. Verbunden wird diese Aufforderung mit der Mahnung, dass unser Richten anderer zum Maßstab des göttlichen Richtens für uns wird.

Gerechtigkeit und Barmherzigkeit

Nehmen wir all das zusammen, stellt unser kleiner Text Fragen von Gerechtigkeit und Barmherzigkeit, von Wahrheit und Füreinander, von Miteinander und Vergebung wie von Ehrlichkeit und Lebensschutz.

Wir sollten eindeutig auf der Seite der Opfer einer Straftat stehen und gleichzeitig dem Täter/ der Täterin barmherzig gegenüberstehen. Wie kann die Tat gesühnt und neues, verändertes Leben für Opfer und Täter:in ermöglicht werden, ohne die Schuld klein zu reden und das Opfer zu übersehen?

Wir sollten bei der Wahrheit bleiben, bei dem, was wir gesehen, gehört und wahrgenommen haben. Aus diesem Grund ist das Füreinander wichtig, bei dem der Einzelne und besonders das Opfer Hilfe, Unterstützung und neuen Lebensmut erhalten kann.

In allem ist wichtig, das Miteinander, die Gemeinschaft wie das Gemeinwohl im Blick zu haben. Deshalb bleibt die Aufgabe der Vergebung. Sie geschieht nicht sofort und kann auch nicht von anderen eingefordert werden. Schon gar nicht durch ein Gerichtsurteil. Es bleibt die Aufgabe, Vergebung zu ermöglichen, damit auch beim Opfer Lasten fallen können und Befreiung erfahren wird.

Zuletzt geht es um die Ehrlichkeit der Aussage. Sie muss sich überprüfen lassen, ob man sich abhängig macht, unter Druck gesetzt oder versucht wird, die Aussage zu verändern. Die Aufgabe bleibt, das Wahrgenommene zu bezeugen und somit zum Schutz des Lebens beizutragen.

Wort auf den Weg

„Ich sage euch: Liebt eure Feinde! Betet für die, die euch verfolgen! So werdet ihr zu Kindern eures Vaters im Himmel. Denn er lässt seine Sonne aufgehen über bösen und über guten Menschen. Und er lässt es regnen auf gerechte und auf ungerechte Menschen“ (Matthäus 5,44–45 nach: Basis Bibel).

Markus Jung

Lied EG 262 Sonne der Gerechtigkeit

Gebet
Barmherziger Gott,
schenke uns den Mut und die Kraft bei dem zu bleiben,
was wir gesehen, gehört und wahrgenommen haben.
Nicht borniert, sondern sanft und wissend,
dass wir nur einen Teil der Realität wahrgenommen haben.
Sei du bei uns und schenke uns Mut und Kraft,
uns von Vorverurteilungen und Vorurteilen zu lösen.
Sei du bei uns und schenke uns Mut und Kraft,
für die Opfer einzustehen,
auf ihrer Seite zu sein und zu bleiben.
Sei du bei uns und schenke uns Mut und Kraft,
den/die Täter/in als Menschen zu sehen.
Sei du bei uns, Jesus Christus,
damit wir der Verlockung widerstehen,
über andere allzu leicht zu urteilen. Amen.

Monatsspruch für August

Der Herr heilt, die zerbrochenen Herzens sind, und verbindet ihre Wunden.

Psalm 147,3

Der Psalm gehört zu den Hallel-Psalmen, also Liedern, die mit einem Lob beginnen oder mit einem Lob (Hallel) abschließen, wie die Psalmen 113 bis 118, die in der Passahliturgie verwendet wurden und die Jesus mit seinen Jüngern vor seiner Verhaftung gesungen hat: „Und da sie den Lobgesang gesungen hatten, gingen sie hinaus an den Ölberg" (Markus 14,26). Das gemeinsame Singen der Hallel-Psalmen würde sich für unsere Ohren heute sehr orientalisch anhören, ähnlich den arabischen Melodien aus Syrien, Ägypten und dem Libanon (Halb- und Vierteltonkaskaden). Die heutigen Melodien in Israel sind europäischer Melodik angepasst.

Der Psalm ist höchstwahrscheinlich nachexilisch, da er Bezug auf den Wiederaufbau Jerusalems nimmt und Gott preist, der die Zerstreuten sammelt. Der Monatsspruch motiviert zum Lob, indem er behauptet, dass Gott zerbrochene Herzen heilt und Wunden verbindet und von seinen Schöpfungswerken heilsame Wirkungen ausgehen. Der Psalm wurde morgens gebetet, um den Tag mit Lob zu beginnen.

Zerbrochene Herzen

Bevor wir über Heilung nachdenken, müssen wir zunächst einmal verstehen, wie es zu den zerbrochenen Herzen kam und was sie bedeuteten.

Das Königreich Israel (im Norden) und das Königreich Juda (im Süden) hatten jeweils ihre Identität in dem Bewusstsein, Gottes Volk zu sein. Juda besaß in Jerusalem den Salomonischen Tempel, in dem Gott geheimnisvoll gegenwärtig war und Israel die Kultstätte Beth-El. Beide Heiligtümer wurden zerstört und verwüstet. Beth-El durch die Assyrer im 8. Jahrhundert v. Chr. und Jerusalem mit dem Tempel durch die Babylonier im 6. Jahrhundert v. Chr. Das Volk Gottes wurde ins Exil verbannt und verlor seine Identität. Wo war Gott und sein Ort der Anbetung? War er etwa schwächer als die fremden Götter Assur bzw. Marduk und Ischtar? War er besiegt worden?

Fragen, die an die Substanz, an das Herz gingen. Das Herz ist nach biblischer Anschauung nicht in erster Linie der Muskel, der das Blut durch den Körper pumpt, sondern bedeutet meist das geistige Zentrum eines Menschen, seinen inneren Sinn und seine Motive. Diese Innenwelt war zerbrochen. Wer bin ich, fragte sich ein Israelit, wenn es Gott nicht mehr gibt bzw. wenn er machtlos geworden ist? Eine tiefe Depression legte sich auf die Menschen im Exil.

Offene Wunden

Wunden entstehen durch Verletzungen. Davon gab es im babylonischen Exil viele, nicht nur körperliche. Besonders die inneren Verletzungen saßen tief: Wenn man manche Psalmen liest, die im Exil entstanden sind, ahnt man etwas von den verletzen Gefühlen. Da ist von Spott die Rede: „He!", riefen die Unterdrücker, „Spielt uns doch mal eines eurer Zionslieder!" Und dann fährt der Psalmdichter fort: „Wie sollen wir ein Jahwelied singen im Lande der Fremden? (Psalm 137,3)."

Spott und Hohn und die Erfahrung der Geringschätzung und Ohnmacht führten zu seelischen Verletzungen. Wenn man über die babylonischen Prachtstraßen ging, wie armselig wirkten da das eigene Leben und die eigene Religion! Ein Teil dieser Prachtstraße mit dem Ischtartor und den glasierten Ziegeln kann man übrigens heute in Berlin im Pergamonmuseum betrachten.

Hass war eine mögliche Folge von diesen Demütigungen. Und die Bibel ist sich nicht zu schade, die Hasstiraden laut auszusprechen: „... Tochter Babel ... gesegnet, wer deine Kinder ergreift und sie am Felsen zerschmettert!" Das ist zwar ein erster Schritt, den Zorn einmal zuzulassen, aber langfristig kein Weg, um Wunden zu heilen.

Göttliche Therapie

Wie heilte Gott die zerbrochenen Herzen seiner Kinder und wie verband er ihre offenen Wunden?

Das ging nicht von heute auf morgen. Solche tiefen Verletzungen und Identitätsverluste brauchen Zeit, um zu heilen. Ein erster Schritt war die Vision Hesekiels. Er war bei den Verbannten und saß eines Abends am Ufer des Flusses Kebar, da sah er in einer gewaltigen Schau, wie ein eigenartiger Thron mit Rädern, die sich in alle Richtungen drehen ließen, von Jerusalem herkam, über die riesige Wüste sauste und bei den Verbannten landete (Hesekiel 1). Was war das für ein seltsames Fahrzeug?

Es war die Herrlichkeit Gottes, die normalerweise im Allerheiligsten, im Tempel, wohnte. Die strahlende, gewaltige Gegenwart Gottes saß auf einem Räderthron und kam zu seinem Volk in die Verbannung. Und mit einem Mal war klar: Gott braucht keinen Tempel, um darin zu wohnen, er ist frei und ist nun zu seinem Volk ins Exil gekommen, um die zerbrochenen Herzen zu heilen, um zu sagen: Ich bin immer noch euer Gott. Ich bin bei euch. Das war ein starkes Zeichen: Gott selbst begab sich in ein heidnisches Land, um sein Volk zu besuchen und schien dabei keine Berührungsängste zu haben. Und daran hat sich bis heute nichts geändert. Gott ist sich nicht zu schade, um uns dort zu begegnen, wo wir sind, auch wenn die Orte unheilig erscheinen. Diese Bewegung Gottes konzentrierte sich dann an Weihnachten, wo seine Herrlichkeit in der Gestalt eines Säuglings zur Welt kam in einem Stall.

Der neue Gottesname

Und dann trat ein Schüler Jesajas im Exil auf und sagte zu den Verbannten: „So spricht der Herr der ganzen Welt!"

Das muss damals wie ein Donnerschlag gewesen sein, eine Powermedizin für zerbrochene Herzen. Bislang war Israel davon ausgegangen, dass Gott so eine Art Stammesgott war. So wie jedes Volk seinen eigenen Gott hatte (Ich bin der Gott Abrahams, Isaaks und Jakobs). Er hatte allerdings die ägyptischen Götter besiegt beim Auszug aus Ägypten und später den großen Baal auf dem Horeb durch Elia. Und nun sollte Israel wissen: Ihr Nationalgott Jahwe ist nicht nur stärker und größer als Baal, sondern auch noch größer und umfassender als Assur und Marduk. Ja, der zweite Jesaja behauptete: „Unser Gott ist der Herr der ganzen Welt!"

Manche konnten das anfangs kaum glauben. Aber diese neue Offenbarung setzte starke Heilungsprozesse in Gang: Der Schöpfungsbericht am Anfang der Bibel entstand zum Beispiel als Gegenentwurf zu babylonischen Schöpfungsmythen und erzählte mit viel Humor, wie Gott Sonne und Mond (babylonische Götter) wie Lampen an den Himmel hängte. Die Grundsteine für den Synagogengottesdienst wurden gelegt: eine Versammlung ohne Tempel. Das Herz des Volkes Gottes fing an, heil zu werden.

Wundheilung durch ein neues Zuhause

Dann wurde Babylon durch die Perser besiegt und alle, die wollten, durften zurück in die Heimat und sich ein neues Zuhause aufbauen. Das war nicht einfach. Nur ein Bruchteil der Exilanten kehrte zurück, viele blieben in Babylon, weil sie dort eine Heimat gefunden hatten.

Die Rückkehrer mussten aus den Ruinen und dem verwüsteten Land Häuser bauen und Felder bestellen. Eine mühsame Angelegenheit. Aber es ist nicht das erste Mal, dass harte körperliche Arbeit und der Aufbau von etwas Neuem heilende Kräfte freisetzt. Und so heilt Gott bis heute offene Wunden, indem er uns die heilsame Gemeinschaft der Ortskirche schenkt. Der regelmäßige Gottesdienst, die Begegnung mit Brüdern und Schwestern, zum Beispiel in einem Hauskreis, vermittelt das Gefühl, angekommen zu sein, einen Ort zu haben, wo man sich zu Hause fühlt.

Freude an einfachen und schönen Dingen

Unser Psalm setzt nun diesen Heilungsprozess fort und ruft uns zu: Gott heilt zerbrochene Herzen und offene Wunden durch die Betrachtung der schönen und einfachen Dinge in eurem Leben. Nehmt euch Zeit und betrachtet das, was Gott geschaffen hat: Warmer Regen auf trockene Erde, glitzernder Schnee und kühler Frost, während im Haus ein warmes Feuer brennt, Kräuter, die wachsen und heilende Kräfte freisetzen (Verse 7 und 8). Bleibt stehen und genießt die Therapiestunden Gottes.

Das geschieht nicht von allein. Manchmal ist es nötig, wenn ich mutlos geworden bin und schwach, wenn mich ein Kollege oder die Nachbarn verletzt haben, einen Spaziergang zu machen in das Therapiezimmer Gottes. Die frische Luft zu atmen, sich an grünen Wiesen zu entspannen, an einem Fluss zu sitzen und dem Fließen des Wassers zuzusehen, das unangestrengt seine tägliche Arbeit tut und fließt. Und es ist heilsam, sich klar zu machen: Unser Gott ist der Herr der ganzen Welt, er hat trotz des Chaos um mich herum immer noch den Überblick und heilt zerbrochene Herzen. Er heilt, indem er mir ein Zuhause schenkt, in meiner Stadt oder in meiner Kirchengemeinde. Ihm ist nichts Menschliches fremd, schließlich wurde er in Jesus zu einem Menschen aus Fleisch und Blut.

Und immer, wenn wir Abendmahl feiern, sollen wir es spüren, wenn Brot und Kelch gereicht werden: Gott will wie eine Medizin bis in unser Inneres vordringen und uns heil machen.

Albrecht Gralle

Lied EG 449, 1 und 8 Die güldne Sonne voll Freud und Wonne

Gebet

Unser Gott, du hast eine heilsame Art,
mit uns umzugehen.
Verletzte und verwundete Menschen aufzurichten,
hat bei dir oberste Priorität.
Jesus hat es vorgelebt und mit scharfem Blick
zerbrochene Herzen und offene Wunden
wahrgenommen, und seine heilsamen Worte
waren stärker als Krankheit und Tod.
Hilf uns, dass wir uns vor dir nicht verstecken,
wenn unser Innerstes verletzt worden ist,
sondern uns dir nähern,
weil du die Quelle des Lebens bist. Amen.

Monatsspruch für September

Bin ich nur ein Gott, der nahe ist, spricht der HERR, und nicht auch ein Gott, der ferne ist?

Jeremia 23,23

Zwischen noch Sommer und Herbstbeginn ist der September eine angenehme Reisezeit. Für Paare, Singles und immer öfter auch für Großeltern mit kleinen Enkelkindern. Fernweh wird gestillt und manchmal auch Heimweh geweckt. Und das hat immer mit Sehnsucht zu tun – sowohl das Fernweh als auch das Heimweh.

Da vermisst die Enkeltochter tränenreich und untröstlich am feinsten Sandstrand von Usedom ihr daheimgelassenes Kuscheltier und die Mama. Und wie schmerzhaft plötzlich Frau Werner im Seniorenheim wieder an die schönen Urlaube zurückdenkt, als ihr Mann noch gelebt hat. Jetzt gibt es keine Reisen mehr: 365 Tage hat sie im selben Bett geschlafen, ist keinen einzigen Morgen mehr anderswo aufgewacht. Da macht sich neben Fernweh auch die Sehnsucht wieder breit.

Und Gott? Ob Gott wohl jemals Fernweh hatte? Oder sich nach mehr Nähe gesehnt hat? Wenn wir ihm irgendwie ähnlich sind, dann müsste er beides kennen. Vorstellen kann ich mir das natürlich nur schwer. Wer für weit mehr als für unseren kleinen Planeten Erde zuständig ist, der wird vermutlich kein Fernweh haben. Aber dass er von dort mal weg will, wo er ist, das wäre doch denkbar. Er hat es ja schon mal so richtig satt gehabt. Da gab es ein ordentliches Donnerwetter, in einer der biblischen Geschichten. Und eine Sintflut gleich im Anschluss. Und jede Menge Tote: fast alle Menschen und Tiere starben, erzählt die Geschichte. Danach war die Welt eine andere.

Sehnsucht nach Nähe

Wonach Gott Sehnsucht hat? In jedem Fall nach seinem Sohn, der damals – vor 2000 Jahren – auf unserem Planeten lebte. Jesus aus Galiläa war zu Fuß unterwegs und war gerade am Jordan angekommen. Wasser war da, und so ließ er sich von Johannes, dem Täufer, auch taufen. Und anstelle einer höflichen Gratulation, wie wir das kennen, meldete sich Gott selbst von ganz oben sehr liebevoll zu Wort. Als Jesus nach seiner Taufe aus dem Wasser steigt, sieht er, wie der Himmel aufreißt. Und der Geist Gottes kommt wie eine Taube auf ihn herab. Gleichzeitig spricht eine Stimme vom Himmel: „Du bist mein geliebter Sohn, über den ich mich von Herzen freue" (Markus 1,9–11).

Ja, Gott hat auch Sehnsucht nach Nähe. Augustinus hat gesagt: „Die Sehnsucht Gottes ist der Mensch." Sie ist so groß, dass er unsere menschliche Gestalt angenommen hat. In Jesus wollte er unter uns Menschen wohnen, weil er uns nur so unendlich nah sein konnte. Hautnah ist er mit Frauen und Männern in enger Gemeinschaft unterwegs gewesen. Er hat Nachfolger und sogar ziemlich beste Freunde gehabt. Hat gelitten, geweint, gebetet und sich unbändig gefreut – mit und für seine Freunde und auch für fremde Menschen.

Spätestens seit Jesus lebte, gibt es einen erfahrenen Gott in Sachen Nähe. Und zugleich einen, der Ferne aushalten musste. Sogar die Gottesferne, die sein Sohn durchleidet, in seiner dunkelsten Stunde. In seinem Sterben ruft Jesus: „Mein Gott, mein Gott, warum hast du mich verlassen?“ (Matthäus 27,46).

Gott hat also Sehnsucht. Und wir? Neben all der Sehnsucht, die wir nach Menschen und Orten haben, kommt auch manchmal die Sehnsucht nach Gott dazu. Bei mir reißt aber keiner den Himmel auf, wenn mir seine Nähe fehlt. Und wenn ich halbwegs ehrlich in meiner Erinnerung recherchiere, dann habe ich mich viel öfter nach einem nahen Gott gesehnt, als mir einen Gott in der Ferne zu wünschen. Außer er sollte auf meine Lieben in der Ferne aufpassen, weil ich nicht dort bei ihnen sein konnte.

Ob er mir je wirklich fern war, das weiß ich nicht. Aber meine Seele hatte und hat Sehnsucht nach einer spürbaren Gottesgegenwart. Das fühlt sich dann an, als wäre er fern von mir. Trostloses Leben. Bin ein unbegleiteter Mensch. Also will ich Gott dann näher bei mir haben. Und seine ganze Aufmerksamkeit soll mir sicher sein. Auch eine vernehmbare Stimme, die mir Orientierung oder Hinweise gibt, wäre hilfreich für mich. Und vielleicht auch so ein starkes akustisches Bekenntnis wie bei Jesus damals am Jordan: „Du bist mein geliebtes Kind.“ Und das geht nicht nur mir so. Wie oft wurde schon gerufen: „Gott, wo bist du?“ Oder verzweifelt gefragt: „Wo ist er denn nun, der helfende Gott?“ oder auch „Erbarme dich doch endlich meiner! Ich kann schon lange nicht mehr durchhalten.“

Am liebsten hautnah

Schon immer haben sich Menschen danach gesehnt, dass Gott ihnen nahe ist. Meistens in misslichen Situationen, in Krankheit, Krieg und Gefahr.

In der Depression und in der nicht enden wollenden Nacht mit den Schmerzen. Menschen wünschen sich, dass Gott ihnen nahe ist, aber nicht, dass er ihnen zu nahetritt.

Es tut aber jeder Beziehung gut, wenn man sich gegenseitig hinterfragt, sich in verschiedenen Facetten kennenlernen will und sich auch korrigiert. Sich aus Liebe hilft, wenn die Beziehung in der Krise ist. Nur Gott soll uns zwar nahe sein und uns beschützen, aber uns bitte nicht zur Rechenschaft ziehen. Nicht nachfragen dürfen. Auch gestandene Christen wollen manchmal mit dem Anspruch Gottes in Ruhe gelassen werden: „Jetzt mal lieber nicht darüber nachdenken, was Gott von meinem Handeln hält. Oder was Jesus an meiner Stelle tun würde!"

Vor einiger Zeit fand ich dieses Gebet von Diedrich Onnen in der Herrnhuter Losung: „Hautnah will ich dich erleben, Jesus, hautnah! Nicht nur kluge Worte von dir hören, nicht nur gute Worte mit nach Hause nehmen, nicht nur erhellende Gedanken nachdenken. Das alles auch. Aber vor allem: Hautnah will ich dich erleben!"

Gott hautnah zu erleben, war und ist eine große Sehnsucht. Wegen ihr wurden Tempel gebaut, Lieder komponiert, ergreifende Bilder gemalt und atemraubende Filme gedreht; alles Versuche, Gott etwas näher sein zu können, auch bei Einkehrtagen, beim Pilgern, mit Schweigegelübde oder durch Gemeindewechsel.

„Siehe, ich bin bei euch alle Tage bis an der Welt Ende" (Matthäus 28,20), so heißt es. Im Grunde könnte dieser Satz aus der Bibel ausreichend sein als Versicherung der Gottesnähe. Und doch empfinden es Menschen so, als würde Gott mal eine Pause von uns brauchen. Unbemerkt sei er weggegangen. Wann weiß man nicht mehr so genau. Manche können sich gar nicht mehr daran erinnern, wann ihnen zuletzt so richtig warm ums Herz wurde, weil sie Gott nahekamen. Und dann gibt es auch etliche Menschen, die sich mal eine Pause von Gott nehmen. „Früher war das anders mit Gott. Ich habe ihn richtig verehrt, war fasziniert. Aber jetzt kann ich nichts mehr mit ihm anfangen." Es kommt ja im Leben vor, dass man unverhofft eine alte Liebe wieder trifft und ist erstaunt, dass plötzlich wieder ein Interesse da ist. Oder man könnte auch nach so einer einstigen engeren Beziehung zu Gott neu suchen? Gott wäre das Recht, da bin ich mir sicher.

Jeremia und der nahe Gott

„Bin ich nur ein Gott, der nahe ist, spricht der HERR, und nicht auch ein Gott, der ferne ist?" Der Satz hat eine Vorgeschichte. Gott hatte uns Menschen Grenzen aufgezeigt. Er sagte sinngemäß: bis hierher und nicht weiter. Gott zeigte die Konsequenzen auf. Aber Menschen setzen sich über seine Grenzen hinweg. Wir haben die Suppe alleine auszulöffeln. Gott geht. Berechtigt wäre das!!

Die Hörer, die Jeremia vor Augen hat, sind uns ähnlich. Sie suchen im Glauben vor allem Vergewisserung, dass Gott sie vor Unheil bewahrt. Schlimme Krankheiten und persönliche Krisen sind ebenso gemeint wie politische Feinde des Volkes. Es gefällt nicht, was Jeremia sagt. Denn er verkündigt im Namen Gottes: „Ich bin nicht der nahe Gott, über den ihr verfügen könnt, ich bin der ferne Gott, der über euch verfügt. Niemand kann sich so gut verstecken, dass ich ihn nicht doch entdecken würde. Es gibt keinen Ort im Himmel und auf der Erde, an dem ich nicht wäre!" (Jeremia 23,23.24)

Wem Gott nahe ist, der hat Glück, heißt es. Doch dieses Glück ist vielfältig zu verstehen. Wenn ein Mensch in Not, tränenüberströmt oder sprachlos vor Schmerzen,

Gottes Nähe erlebt, dann ist das nicht vordergründig das Gefühl einer berauschenden Glückseligkeit. Dann ist es das stille und doch tiefe Glück, weil die Verlassenheit ein Ende hat. Gott ist also doch noch da, fast hautnah – jedenfalls in der Herzensgegend spürbar. Die Nähe Gottes wird hier als existenzielle Geborgenheit erlebt.

Immer eine Sehnsucht mehr haben …

Der September bringt für manche schon wieder Fernweh mit und Heimweh für andere. Aber er könnte auch die Suche nach Lebendigkeit und Tiefe heranwehen, jetzt wo die Farben harmonischer werden. Es gibt Fernweh nach Geborgenheit und Heimweh nach Stille! Die harmonischen Septemberfarben können eine Mußezeit und Nachdenken mit sich bringen – auch über die Sehnsucht nach dem fernen oder nahen Gott?

„Ich werde immer mindestens eine Sehnsucht mehr in mir haben, als das Leben mir erfüllt." Das habe ich einmal gelesen. Die Sehnsucht ist ein Indiz dafür, dass es mehr gibt, als ich momentan habe. Und dass mehr möglich ist als das, was ich gerade erlebe. Unsere Sehnsucht sollten wir wachhalten.

Und es ist völlig egal, ob ich meine, Gott schon lange zu kennen oder ihn eben nur mal flüchtig erlebt habe. Da ist doch immer noch die Sehnsucht da, etwas Neues kennenzulernen. Immerhin wäre die Annäherung an den unbekannten Gott ein Abenteuer, was man nicht nur auf der letzten Lebensstrecke gut gebrauchen kann.

Und die müde gewordenen Kämpfer in unseren Gemeinden, die viel geleistet haben, aber nicht mehr innerlich erfüllt sind, die brauchen das Abenteuer mit dem nahen oder fernen Gott erst recht. „Sucht mich, so werdet ihr lebendig“, spricht der HERR“ (Jeremia 29,13). Wenn da noch ein Funken Sehnsucht ist, dass es noch mehr gibt als das, was ich bisher erlebt habe: Suchen! Vielleicht erst recht dann, wenn ich mit der traurigen Erfahrung lebe, dass Gott eben nicht nahe war, als ich ihn gebraucht hätte. Und wenn ich die Sicherheit verloren habe, dass es ihn wirklich gibt! Fangen wir ruhig mit dem fernen Gott an. Er kann gut damit leben, dass wir ihn erst mal wieder suchen müssen. Oder überhaupt etwas über ihn wissen wollen, etwas Anderes als wir bisher zu wissen glaubten. Es wird mehr geben: vielleicht das Fernweh nach einer „heiligen Unruhe“, die sich nicht mit dem Ist-Zustand zufriedengibt. Aber es könnte über den Spätsommer auch ein altes Heimweh gestillt werden – weil ein stiller Frieden einzieht, und die Geborgenheit mitbringt, die aus der Nähe eines nahen Gottes kommt.

Christine Rösch

Lied NL plus 116 Da wohnt ein Sehnen tief in mir

Gebet

Gott, von meiner Seite will ich dich gern suchen.
Finde du mich in der Nähe
und erst recht in der Ferne von dir.
Soweit es an mir liegt, stelle ich mich darauf ein,
dass du mir hautnah begegnen könntest.
Vielleicht im September?
Was deine Nähe mit sich bringt, entscheidest du, Gott.
Ich danke dir schon vorab –
weil du mir gnädig sein wirst. Amen.

Monatsspruch für Oktober

Die Güte des HERRN ist's, dass wir nicht gar aus sind, seine Barmherzigkeit hat noch kein Ende, sondern sie ist alle Morgen neu, und deine Treue ist groß.
Klagelieder 3,22–23

„Jetzt ist alles aus!" Wie häufig wird dieser Ausspruch genutzt, wenn eine ausweglose Situation beschrieben wird. Denken wir an den Schüler, der gerade noch ein weiteres Mal die Note Fünf auf den Tisch gelegt bekommen hat. Die Versetzung ist jetzt nicht mehr gefährdet. Sie ist unmöglich geworden. Denken wir an das Paar, das sich nach kurzer oder langer Beziehung eingestehen muss: So geht es nicht weiter, unsere Wege trennen sich, es ist aus. Oder denken wir an existenzielle Fragen: Wenn die Hoffnung schwindet.

Im Fußball sagt man: Der Raum wird eng. Alternativen verringern sich, die Straßen werden zu Sackgassen. Welche der Situationen es auch ist: Die Aus-Weg-Losigkeit macht sich breit und lähmt den Weg.

Ausweglosigkeit allerorten. Hier und heute. Und damals, zu Zeiten des Propheten. Warum soll es damals besser gewesen sein? Vor diesem Vers: Situationen, existenziell und in drastischer Sprache. Fragen der Ausweglosigkeit, des Gar-aus-Seins. Fragen, nach „Wie kam es nur so weit?", „Was kann denn noch alles kommen?" und „Muss dies denn auch noch sein?"

Im dritten Lied des Buches der Klagelieder werden wir selbst mit hineingenommen. Nicht in der dritten Person und eines neutralen Berichtes, sondern in der Ich-Perspektive werden wir unmittelbar in das Geschehen, in die Erfahrungen dieser Person mit einbezogen.

In diesem dritten Klagelied bildet der Monatsspruch ein Scharnier. War bis dorthin die Klage das zentrale Thema, so bildet der Vers einen Schwung, um von der berechtigten Klage in die ebenso berechtigte Hoffnung auf ein „Dennoch“ zu kommen. „Die Güte des HERRN ist’s, dass wir nicht gar aus sind, seine Barmherzigkeit hat noch kein Ende, sondern sie ist alle Morgen neu, und deine Treue ist groß.“

Die Klagelieder berichten von Leid und Zerstörung, die der Dichter gemeinsam mit dem Volk Israel erlebt hat. Sie geben manchem Gedanken einen Ausdruck, der vielen in heutiger Zeit angesichts der ungelösten, bedrückenden, großen Weltfragen auch in den Sinn kommen mag: Wie umgehen mit den Gedanken an Leid, Probleme und Zerstörung? Fragen, die uns angehen und angreifen.

Der Dichter des Liedverses versichert: Mitten in all der Verzweiflung gibt es einen Hoffnungsschimmer. In einem Dreiklang zeigt er, dass es möglich ist, das erlebte Bittere der älteren oder jüngeren Vergangenheit in der Gegenwart und für die Zukunft in einem anderen Licht erscheinen zu lassen.

Was müssen wir tun, um nicht „gar aus“ zu sein?

Was kann ich denn schon tun? Oft fällt es schwer zu glauben, dass das scheinbar Unabwendbare dennoch abzuwenden ist. Dabei ist die Frage nach den bestehenden Möglichkeiten gut, lässt sie uns doch ins Handeln kommen. Der Vers eröffnet uns gleichwohl noch eine andere zweite Dimension und Richtung. Neben dem menschlichen Handeln benennt er eine zweite Stellschraube für die Geschicke der Welt. Nach vielen Klagen beginnt Vers 22 fast etwas unvermittelt damit, dass es „die Güte des HERRN“ ist, auf die wir unseren Blick richten können.

In diesen Worten steckt neben der Aufforderung auch eine Zusage: Schau hin! Es gibt das „Gar-Aus“, das Dunkle und Bittere – aber das gibt es auch: die Güte des HERRN. Schau hin! Es gibt die Verzweiflung – und gleichzeitig kann Güte in die richtige Richtung weisen. Güte, die hier gemeinte Herzensgüte, bezeichnet sowohl eine Einstellung als auch ein Handeln. Die Güte des Herrn, sie ist die Gegenkraft gegen das „Gar-Aus“. Sie sieht die Dinge und handelt in dieser Welt. „Mit Güte kann man fast jeden Menschen überraschen“, schrieb die Schriftstellerin Pearl S. Buck. Überraschend? Die Welt war in der düsteren Vergangenheit nicht von Gott verlassen und vergessen. Im Gegenteil: Sie war und ist bis heute von Gott getragen in Höhen und Tiefen, denn seine Güte weist nach vorn.

Noch eine Drohung – oder eine Zusage?

Die Frage nach dem halb vollen oder halb leeren Glas ist eine Frage der Blickrichtung, aber auch der Umstände. Wenn ich einem Kind sage: „Noch zehn Minuten, dann geht es ins Bett“, hört es wohl in der Regel die bedauerliche Begrenzung des schönen Spiels – und nicht die Möglichkeit, noch etwas weiterzuspielen und das Spiel gut zu Ende zu führen. Wenn uns gesagt wird, dass die Barmherzigkeit noch kein Ende habe, ist das Bild einer gehörten Drohung sicherlich nicht allzu weit. Wenn etwas noch kein Ende hat – dann kann es schließlich auch bald anders sein. Ob es mir gerade gut geht oder nicht: eine zeitliche Befristung durch ein Noch kann auch beängstigen. Aber es kann eben nicht nur die Erwartung einer Änderung ausdrücken, sondern auch die des weiteren Andauerns. In schweren Zeiten entsteht so ein Mutwort. Immer noch ist die Wende möglich, immer noch ist Barmherzigkeit geschenkt.

Überhaupt: Barmherzigkeit

Barmherzigkeit ist aus der Mode gekommen, wie es beispielsweise in der Literaturgeschichte der letzten 150 Jahre statistisch nachweisbar ist. Das Wort klingt für viele nach St. Martin auf dem Pferd, nach Almosen, Hilflosigkeit und Bedürftigkeit. In Barmherzigkeit steckt „barmen". Ein Wort, das in seiner aktiven Bedeutung für jammern und klagen einer Person steht, die Not erlebt. Ein Wortspiel: im (b-)arm sein steckt das Erleben und Erleiden von Ressourcenmangel und Hoffnungsferne.

Es gibt jedoch auch noch die andere Bedeutung von barmen: Eine Person jammert mich, geht mich etwas an. Eine Person wird von mir mit Mitgefühl gesehen. In diesem Gefühl liegt die Überleitung zum Herz, das ebenfalls in dem Wort Barmherzigkeit steckt. Das Schicksal einzelner Menschen im eigenen Gefühlszentrum zu haben, mit Gefühl und Mitgefühl auf uns, seine Geschöpfe zu blicken, das beschreibt der Vers in der Gegenwartsform als grundlegende Wesensart Gottes.

Gott stellt unserer Armut an Alternativen seine Barmherzigkeit gegenüber. Wo Unrecht erlitten wird, wo Zweifel wächst, wo Schmerz Einzug genommen hat, dort ist Gottes Mitgefühl und Nähe gewiss. „Von Mitleid kannst du dir nichts kaufen", besagt ein Sprichwort. Aber das Gefühl, in der Not gesehen, geleitet und begleitet zu sein, ist unbezahlbar, setzt eigene Kräfte frei und kann sich in

Momenten einstellen, die dies objektiv nicht erwarten ließen. Barmherzigkeit beschreibt jenen Wesenszug Gottes, seine Geschöpfe zu leiten und zu begleiten – und auch einzugreifen in diese Welt.

Aus dieser Hoffnung heraus ist es zu erklären, dass der Monatsspruch den Duktus des Kapitels gleichsam zu drehen vermag. Wurde davor der Schmerz drastisch beschrieben, so sind die Beschreibungen nach Vers 22f nicht beschönigend, aber versöhnt in einen anderen Denkhorizont gehoben.

Auf ein Neues

Es braucht eine Weile, bis ein Mensch lernt, Fahrrad zu fahren. Die wenigsten schaffen das an einem Tag. Dinge brauchen eben ihre Zeit und den permanenten neuen Anfang. Die Barmherzigkeit Gottes ist gleichwohl keine Eintagsfliege, keine Phase, die vergeht, keine Meinung, die sich ändert. Jeden Morgen ist sie neu, so bestätigt der Vers. Gottes Barmherzigkeit ist uns an jedem Tag neu geschenkt, um damit die Einladung in ihr, aus ihr heraus zu leben. Lassen wir den vergangenen Tag hinter uns und lassen uns ein auf den heutigen Tag, auf das, was er bereithält – und auf den, der uns hält. Auch wenn es gestern (noch) nicht geklappt hat. Aus diesem „Immer-wieder-Neu" erwächst auch Kraft, unseren Nächsten mit Barmherzigkeit zu sehen und zu behandeln.

Aus der Güte kommend und im Glanz der Barmherzigkeit des gegenwärtigen Tages richtet sich der Blick auch in die Zukunft: Was folgt aus Güte und Barmherzigkeit, was wird sein? Der Vers wendet sich dann direkt zu Gott. Die Zukunft ist in der Welt der Erwartung zuhause: „Deine Treue ist groß." Gott wird direkt angesprochen, gepriesen

– und gleichzeitig steckt der (vielleicht manchmal auch zaghafte) Wunsch darin, dass es doch wirklich so sein möge. Ein glaubender Wunsch beschreibt uns die Zukunft. Keine Garantien werden hier wünschend gegeben. Bezeugt wird Treue und damit das Wissen, dass einer mit mir geht. Dauernde Begleitung auch durchs finstere Tal. Bezeugt wird Bezüglichkeit und Beziehung. „Deine Treue ist groß“, kann die Vorzeichen einer Situation ändern. Das lässt die Chance auf Veränderung zu, auch aus Verzagtheit und Angst heraus. Die Chance auf das gute Ende auch nach Fehlern, weil diese mir nicht angerechnet werden. Es entsteht Raum für Freiheit, und es eröffnen sich Chancen trotz Verletzung und Enttäuschung. Raum, mir selbst, dem Gegenüber oder den Dingen noch einmal eine Chance zu geben und es noch einmal zu versuchen. Weil „alles ist aus“ nicht das letzte Wort hat.

Stefan Alger

Lied EG 369 Wer nur den lieben Gott lässt walten

Gebet

Herr,
Schenke mir den Blick,
die Segensspuren deiner Güte zu sehen,
Schenke mir die Antennen,
Barmherzigkeit zu spüren,
Schenke mir die Aufmerksamkeit,
deine Treue jeden Tag zu entdecken.
Amen.

Monatsspruch für November

Wir warten aber auf einen neuen Himmel und eine neue Erde nach seiner Verheißung, in denen Gerechtigkeit wohnt.
2. Petrus 3,13

Tatort-Alltag als Spiel des Lebens: Krimis 24/7: Gefühlt könnte ich mir, wenn ich denn wollte, den ganzen Abend und die Nacht über Kriminalfälle ansehen. Und natürlich könnte ich noch mehr Krimis lesen. Krimis machten schon vor Jahren ein Viertel des Buchgeschäfts aus. Genau hingesehen haben fast alle einen gesellschaftspolitischen Bezug. Sie machen diskreditierte Milieus zum Thema oder zeigen die Not in prekären Lebenszusammenhängen. Fast immer ist da ein sozialer oder politischer Hintergrund, Missstände werden thematisiert. Es mischen sich Unterhaltung und das Reflektieren von Themen aus dem prallen, eben nicht nur schönen Leben. Sie sind Spiel des Lebens auf einer Bühne, die oft bedrückend realitätsnah ist.

Krimidinner, Krimihauptstadt, Krimi-Hotel, Krimicafé, Krimi-Spiele, Krimi-Escape-Rooms – was ist so faszinierend daran, dass viele von uns freiwillig viel Zeit mit diesem Spiel verbringen?

Es lässt sich zeigen, dass hier im Spiel einer existentiellen Angst-Lust Raum gegeben wird – zumeist im sicheren Rahmen, denn ich kann aussteigen: Ich kann die Augen verschließen, den Ton ausschalten, das Buch weglegen oder aus dem Spiel aussteigen. Was gar nicht geht, ist schon mal das Ende nachgucken oder -lesen, denn dann ist der Reiz an der Sache verloren. Am deutlichsten wird das bei den Escape-Rooms: Wer aussteigt, hat verloren. Das Spiel funktioniert nur mit Spannung, wir müssen die Entwicklung, die Katharsis abwarten können.

Krimis thematisieren die existenzielle Sehnsucht nach Gerechtigkeit

In Krimis werden mit dem nötigen Spannungsbogen in einem prozesshaften Geschehen wie im antiken Theater, Schuld, Sühne und Strafe thematisiert, mal mehr humorvoll, mal mehr im Action-Modus. Im Zuschauen, Hören oder Lesen werden wir Teil des Prozesses, identifizieren uns mit den Akteuren und erfahren mehr oder weniger intensiv etwas wie die Reinigung oder Läuterung, die schon in der Antike Sinn des Aufführens der Sagenstoffe war. Auch in ihnen gibt es Mord und Totschlag, auch hier wird aufgeklärt, allerdings noch nicht von Detektiven oder menschlichen Ermittlern.

Das Verbrechen ist deshalb ein Verkaufsschlager, weil uns spannende bis aufregende Geschichten davon erzählt werden, wie Regelverstöße geahndet oder gesühnt werden und dafür gesorgt wird, dass die Gerechtigkeit siegt. Im Laufe der Story werden die Regeln und Werte wieder hergestellt, die Menschen über religiöse und kulturelle Unterschiede hinweg wichtig sind. Das Ziel der Regeln und des Spiels ist es, Gerechtigkeit herzustellen. Die Sympathien der Zuschauerinnen oder Leserinnen folgen dabei dem Gerechtigkeitsempfinden. – Womit nicht gesagt ist, auf welcher Seite in der Geschichte jeweils die Gerechtigkeit zuhause ist. Das kann auch mal den dafür eigentlich zuständigen staatlichen Organen und Behörden zuwiderlaufen.

Oft brauchen die Ermittler*innen von Beruf Unterstützung durch Journalist*innen, Anwält*innen, Buchhändler*innen, Pfarrer*innen oder wem auch immer die entsprechende Rolle zukommt. Sie haben die Aufgabe für das Gute, die Gerechtigkeit zu kämpfen, häufig mit eigenen Mitteln. Dabei stehen sie auf Seiten der Opfer von einem Unrecht, das als solches erst entlarvt werden muss.

In dem klugen und für mein Vorhaben für diesen Text sehr instruktiven Podcast „Warum wir Krimis lieben – tödliches Verlangen auf dem Sofa" (nachzuhören bei Bayern 2, Radio Wissen) – wird all dem nachgegangen. Darin wird festgestellt, dass – ideengeschichtlich gesehen – seit der Aufklärung mit dem Aufkommen von Kriminalgeschichten es menschliche Vertreter*innen sind, welche die zuvor Gott vorbehaltene Aufgabe übernehmen, für Gerechtigkeit zu sorgen und sie durch Sühne oder Strafe wiederherstellen.

Ein gottgefälliges Leben

„Nach Gottes Verheißung erwarten wir aber neue Himmel und eine neue Erde. Dort ist Gerechtigkeit zuhause." So übersetzt die Bibel in gerechter Sprache (BigS) den Text der Monatslosung nahezu am Ende des 2. Petrusbriefes. Gerechtigkeit wohnt im Himmel, bei Gott. Sie ist seine Verheißung. Darauf warten wir.

Gleich im ersten Satz des zweiten Petrusbriefes – der Grußformel an die Adressatinnen, wir würden heute vielleicht sagen im Betreff – wird Gerechtigkeit als das zentrale Thema benannt: „Simon Petrus, Sklave und Gesandter Jesu Christi, an die, denen es gegeben ist, ebenso fest Vertrauen zu fassen wie wir und ebenso beharrlich an der Gerechtigkeit festzuhalten, die von unserem Gott kommt und von unserem Retter Jesus Christus" (BigS).

Gerechtigkeit ist ein Grundthema des Briefes und wird zum Schlüssel des Verständnisses christlicher Gemeinschaft (2,1; 3,3 u.ö.). Die Nachfolge Jesu ist der „Weg der Gerechtigkeit" (2,21 BigS), eine „heilige Lebensordnung", eine „Wahrheit", die zu einem guten Leben führt und dazu, Gutes zu tun. Sie ist Geschenk Gottes an die Gemeinde, durch das die angeschriebene Gemeinde am göttlichen Wesen teilhat (1,4). In 2. Petrus 1,5–7 wird erklärt, wie das christliche Leben Gestalt gewinnen soll: Dieser „Tugendkatalog ... schließt Qualitäten ein, die sich scharf von den patriarchalen Werten abheben, die Menschen und Institutionen in der gegenwärtigen Welt des globalen Kapitalismus antreiben."[1] Die Teilhabe am „göttlichen Wesen" (BigS) oder an der „göttlichen Natur" (Luther 2017) bzw. „Unsterblichkeit" (Basisbibel, nachfolgend BB) verändert dabei jetzt schon das Leben in der Gemeinde. Das Leben in „geschwisterlicher Liebe" (BB) ist die „Lebensordnung unseres Retters", die Petrus wachhalten will (3,2 BigS). Mit Gottes Maßstab der Gerechtigkeit für die Liebe untereinander beginnt die Verheißung des neuen Himmels zur Wirklichkeit zu werden für diejenigen, die unter dem „Verderben, dass durch die Gier in dieser Welt verursacht wird" (1,4 BigS und BB), zu leiden haben. Was in mancher Auslegungstradition zuweilen in eine moralische Schieflage geraten ist, z.B. gegenüber Frauen, ist hier sozialkritisch zu verstehen. Moral aus der Perspektive der Ohnmächtigen ist eine andere Kategorie als moralisch begründete Ordnungen, die Herrschaftsverhältnisse begründen.

Viele Kriminalgeschichten nehmen uns mitten in die Nöte von Menschen heute hinein, die unter der Gier,

1 Irene Foulkes, Der zweite Brief des Petrus, Wegweiser zu einem „gottgefälligen Leben", in: Schottroff, Luise und Wacker, Marie-Theres, Feministische Bibelauslegung, S. 708.

die Verderben bringt, leiden müssen. Sie erzählen häufig von der Gewalt und der Macht dieser Gier, in manchem gar nicht unähnlich dem, was der 2. Petrusbrief schildert. Sympathien für die Opfer in Geschichten von Ermittler*innen, die demgegenüber sensibel mit Recht und Gerechtigkeit umzugehen wissen, sind ein Hinweis darauf, dass das Narrativ von einer anderen Wirklichkeit als der Gewalt lebt.

Wessen können wir uns sicher sein?

Die Angst-Lust am inszenierten Krimi mit einem Happy End der wieder hergestellten Gerechtigkeit und einem häufig wie nebenbei gesellschaftskritisch neu justierten Wertekanon ist aber auch ambivalent zu sehen. Sie zeigt etwas von der großen Verunsicherung in unserer Zeit hinsichtlich des Wertekanons der Gerechtigkeit, der vielen Menschen heilig ist.

Die Verunsicherung darüber, ob die allgemeinen Werte noch Gültigkeit beanspruchen, so wie sie im Einklang mit der biblischen Glaubenstradition in den Menschenrechten verankert worden sind, gibt Anlass zu Besorgnis. Sie ist Teil des Nährbodens für Populismus und Diktatur. Wenn den in Recht und Gesetz verankerten Aushandlungsprozessen nicht mehr zugetraut wird, Probleme zu lösen und Gerechtigkeit herzustellen, entsteht eine riskante Situation: Statt sich selbst als handelndes Subjekt in einer freien Gesellschaft zu sehen, die Gerechtigkeit in politischen und sozialen Prozessen herstellt, wird nach der regulierenden Ordnungsmacht gefragt, die uns das abnimmt. Verheerend, wenn das die Sehnsucht der Krimi-Konsument*innen wäre.

„Denn was dich überwindet, macht dich zur Sklavin oder zum Sklaven“ heißt es weise in Kapitel 2 des zweiten Petrusbriefes (2,19).

Der Brief ermahnt zuvor: „Verankert fest in eurem Leben, dass ihr berufen und erwählt seid. Wenn ihr das tut, werdet ihr niemals verloren gehen“ (1,10).

„Wir warten aber auf einen neuen Himmel und eine neue Erde nach seiner Verheißung, in denen Gerechtigkeit wohnt“ (2. Petrus 3,13).

Die Hoffnungswirklichkeit des wunderbaren Monatsspruchs im November 2024 kann mitten im vielleicht trübsten Monat des Jahres neu anstiften zu geschwisterlicher Liebe mit einem sozialkritischen Impact, wie sie der Petrusbrief zum Ausdruck bringt. Trotz der Gier und ihrer Gewalt können wir in geschwisterlicher Liebe leben – in respektvoller Gegenseitigkeit. Deshalb brauchen wir nicht mitzumachen, wenn menschenfeindliche Parolen geschrien oder Sprüche geklopft werden. Wir können von dem Geschenk der Gerechtigkeit ausgehen und deshalb Demokratie und echte Teilhabe wagen in Familien, Gemeinden, Schulen, Betrieben, Kommunen, Land und Bund.

Befreit von dem, was Menschen zu Sklav*innen macht, können wir uns selbst kritisch sehen, unser Handeln überdenken, auf andere zugehen, mutiger werden und umkehren – so lässt sich Buße übersetzen.

Wir können uns am 9. November gemeinsam mit jüdischen Gemeinden an den Mahnmalen für die zerstörten Synagogen versammeln, am Volkstrauertag des Unrechts gedenken und nach gerechtem Frieden fragen und am Ewigkeitssonntag besonders auch der Toten gedenken, die ihr Leben durch Unrecht und Gewalt verloren haben. Wir können uns fest in christlichen Gemeinschaften als Gemeinschaften des Widerstands und der Solidarität verankern und miteinander aus der Zuversicht leben: „Wir warten aber auf einen neuen Himmel und eine neue Erde nach seiner Verheißung, in denen Gerechtigkeit wohnt" (2. Petrus 3,13).

Schon während wir warten, verändern wir uns, fängt die Verheißung an, Wirklichkeit zu werden: eine gerechtere Welt. Spannend.

Cornelia Dassler

Lied EGWü 658 und **Gebet**

Lass uns den Weg der Gerechtigkeit gehen
Das Lied wird einmal gesungen und dann ein Gebet angeschlossen. – Das Gebet besteht aus frei formulierten Gebetsanliegen zum Thema Gerechtigkeit von Anwesenden oder vorbereitet und von mehreren gelesen mit der dazwischen gesungenen Bitte/ dem Refrain aus dem Lied: „Lass uns den Weg der Gerechtigkeit gehn, dein Reich komme, Herr, dein Reich komme."

Monatsspruch für Dezember

Mache dich auf, werde licht; denn dein Licht kommt, und die Herrlichkeit des HERRN geht auf über dir!

Jesaja 60,1

Das Buch des Propheten Jesaja ist mit seinen 66 Kapiteln eines der umfangreichsten Bücher der Bibel. In der Auslegung herrscht Einigkeit darüber, dass dieses Buch nicht von einem einzigen Propheten, sondern von mehreren, vermutlich drei, verfasst worden ist. Das Jesajabuch als Ganzes lässt sich als zusammenhängende Darstellung der Wege Gottes mit Israel inmitten der Völker lesen.

Nach der verheerenden Niederlage Judas 587 v. Chr. hatten die siegreichen Babylonier einen Teil der Bevölkerung Israels, insbesondere die Oberschicht, nach Babylon deportiert. Die Sehnsucht wieder heimzukehren war groß. Davon erzählt das zweite Jesajabuch, Deuterojesaja genannt. Es erzählt davon, wie es ist, wenn man in der Fremde, an den Ufern von Euphrat und Tigris von der Heimat träumt und man sich doch an das Land und seine Geschichte als einer Geschichte Gottes mit seinem Volk Israel kaum noch erinnert. Deuterojesaja tröstet die heimwehkranken und kleingläubigen Israeliten in Babylon mit dem Verweis auf Jahwe als den Schöpfer und Herrn der Welt.

Er sieht in der erstarkenden Macht der Perser Jahwe am Werk, um Israel aus den Fängen der Babylonier zu befreien. Mit dem Tod Nebukadnezars begann der Niedergang von Babylon und nachdem die Perser die Lydier bezwungen hatten, war Babylon von den Persern eingeschlossen und wurde 539 v. Chr. Von Kyros II. auch militärisch besiegt. Und wie von Deuterojesaja verheißen, tat sich nach der Niederlage der Babylonier und dem Sieg der Perser die Chance auf, wieder heimzukehren.

Der Vers des Monatsspruchs stammt aus dem dritten Teil des Jesajabuchs, auch Trito-Jesaja genannt. Es versetzt uns in die Zeit, als die Perser über Israel herrschten. Kyros, dem Perserkönig, war es zu verdanken, dass ein größerer Teil der Israeliten aus der babylonischen Gefangenschaft nach Israel zurückkehren konnte. In Jerusalem nahmen sie den Bau eines neuen Tempels in Angriff. Noch lebten weite Teile des Volkes verstreut und von so etwas wie staatlicher Eigenständigkeit war man weit entfernt. Aber mit der Herrschaft der Perser kehrte zumindest das Recht auf religiöse Selbstbestimmung im eigenen Land zurück. Für den Propheten geht damit die Herrlichkeit des Herrn wieder über Israel auf. Es wird wieder Tag. Das Licht erscheint.

Licht und Finsternis

In keinem anderen Buch des Alten Testaments spielt das Licht für die Deutung der Widerfahrnisse des Volkes Israel eine so zentrale Rolle wie im gesamten Jesajabuch. Gleiches gilt für den Gegenbegriff, die Finsternis. Denn das Licht erlangt seine Bedeutung nur vor dem Hintergrund der Finsternis. Und so schließt sich unmittelbar und folgerichtig an den Monatsspruch an: „Denn siehe, Finsternis bedeckt das Erdreich und Dunkel die Völker; aber über dir geht auf der Herr und seine Herrlichkeit erscheint über dir“ (Jesja 60,2).

Aber der Vers ist nicht nur Zuspruch und Zusage. Er enthält auch eine klare Aufforderung: „Du must dich aufmachen und licht werden!" Licht werden meint nichts anderes als vor Freude zu strahlen, denn Gott kommt selbst zu dir. Und von hier aus lässt sich dann mühelos der Bogen zum Propheten Jesaja spannen, der in Jerusalem gegen Ende des 8. Jahrhunderts v. Chr. in Jerusalem wirkte und der dem Volk angesichts assyrischer Bedrohung und Belagerung Trost zuspricht und dass Gott selbst und nicht politische Bündnisse mit Ägypten Zion vor Eroberung schützen. „Das Volk, das im Finstern wandelt, sieht ein großes Licht, und über denen, die da wohnen im finstern Lande, scheint es hell" (Jesja 9,1).

Dieses Wort des Propheten Jesaja stand auf einem Deckenabsatz, wenn man die Treppe hinunterging zur Teestube meiner Jugend in Spradow. Alle Wände im Kellerabstieg waren schwarz gestrichen. Wenn man die Tür zur Teestube hinunter öffnete, sah das aus wie ein dunkles Loch, und so in drei Metern Entfernung leuchtete über der Kellertreppe, von einem Spot hell in Szene gesetzt, dieser in Fraktur geschriebene Satz auf schneeweißem Grund: „Das Volk das im Finsteren wandelt sieht ein großes Licht." Das habe ich zwischen meinem 16. und 19. Lebensjahr nahezu fast täglich beim Abstieg in die Teestube gelesen.

Das Licht und die Lichter

Im Zeitalter der – immer noch – unbegrenzt verfügbaren Elektrizität, wo es kein Dunkel mehr gibt und Mitteleuropa bei Nacht aus dem Weltraum betrachtet wie ein einziges Lichtermeer erscheint, ist uns die Bedeutung des Lichtes abhandengekommen. Die Generation, die zumindest in der frühen Kindheit noch Dörfer ohne elektrisches Licht erlebt hat, stirbt gerade endgültig aus. Licht machen wir ohne jegliche persönliche Mühe jederzeit und an jedem Ort selber. „Ein Licht anzünden“ – was früher Alltagserfahrung war, muss heute inszeniert und erlebnispädagogisch aufbereitet werden.

Auch für Gott scheint das Licht von herausragender Bedeutung zu sein. Nach dem Schöpfungsbericht ist seine erste Tat, dass er das Licht von der Finsternis scheidet. Bevor etwas anderes entstand, sei es unbelebt oder belebt, musste es „Licht“ geben. „Und die Erde war wüst und öde und Finsternis lag auf der Urflut. Und der Geist Gottes bewegt sich über dem Wasser. Da sprach Gott: Es werde Licht! Und es wurde Licht! Und Gott sah, dass das Licht gut war.“

Wir sind permanent auf der Suche nach dem Licht und nach dem Leben. „Mache dich auf, werde licht; denn dein Licht kommt, und die Herrlichkeit des HERRN geht auf über dir!“ Die christliche Gemeinde hat von Beginn ihrer Existenz in dem „aufgehenden Licht“ Jesus Christus erkannt. Der Evangelist Johannes interpretiert global und radikal: „In ihm war das Leben und das Leben war das Licht der Menschen.“ Leben und Licht sind Bezeichnungen für Christus selbst. Er ist die göttliche Kraft, die Leben und Licht schafft. Und, er tut dies es von Anfang an. So führt uns der Vers mitten hinein ins kosmische Himmelstheater, in die innere Beziehung von Gott, Vater, Sohn und Heiliger Geist. Es ist hier nicht vom irdischen Jesus die Rede, sondern von dem Christus, der vor und nach der historischen Person des Jesus von Nazareth existiert. Die Frage, die sich ganz elementar daraus ergibt lautet: Können wir zu diesem Satz „In ihm war das Leben und das Leben war das Licht der Menschen“ stehen? Und trauen wir dieser Kraft, diesem Christus, der vor und nach Jesus war und der vor mir und nach mir sein wird, trauen wir dieser anderen Wirklichkeit eine Leben schaffende und Leben erhaltende Kraft zu?

Sieg des Lichts

Licht ist Leben, und Dunkelheit ist Tod. Als der „Herr aller Ringe“ mitten im finsteren Mordor in den Schicksalsberg geworfen wird, da hellt sich der Himmel schlagartig auf und das aufscheinende Licht lässt Sauron und alles Böse in sich zusammenfallen. Das Buch wie der Film „Herr der Ringe“ entfalten um die großen Menschheitsthemen – Freundschaft und Verrat, Gut und Böse, Liebe und Hass, Krieg und Frieden – ein wechselvolles Spiel aus Licht und Dunkelheit. Das Licht trägt am Ende den Sieg davon, aber alle sind schicksalhaft verstrickt, es gibt nicht die eine Erlösungsfigur – nur gut ist nicht Frodo und auch nicht Gandalf.

Der Autor des imposanten Werks J.R.R. Tolkien war ein gläubiger Christ und frommer Mann. Deshalb kann es für ihn in seinem Werk auch keine Parallele zur Erlösungstat Christi geben. Ein Satz wie: „In ihm war das Leben und das Leben war das Licht der Menschen“ (Johannes 1,4) kann nur einen beschreiben: Christus. Er hat das Leben in Ewigkeit. Dieses Leben, das auf Ewigkeit zielt, das ist das Licht der Menschen.

Das alte Spiel von Licht und Finsternis prägt die Weihnachtszeit. Licht und Finsternis sind Worte, die man gern zur Beschreibung von Lebenserfahrungen nutzt. Licht und Finsternis – Tag und Nacht – sind die Elemente, die unserem Lebensalltag Struktur geben. Die Entdeckung und Nutzung der Elektrizität hat das ein wenig verwischt – man kann problemlos die Nacht zum Tage machen – aber aller Lampen und Leuchten zum Trotz, Licht und Finsternis, Tag und Nacht, strukturieren weiter den Lebensalltag.

Die Weihnachtszeit ist eine dunkle Zeit. Und es sind die Kerzen, die uns die Hoffnung spenden, dass es wieder hell werden wird. Das Glücksgefühl, das in jedem aufsteigt, wenn er oder sie mit einem Streichholz eine Kerze in der Dunkelheit entzündet, kann durch keine mit einem Bewegungsmelder gekoppelte LED-Leuchte ersetzt werden. Das Erste, was Gott nach Himmel und Erde schafft, ist das Licht! Es werde Licht! Licht in das Dunkel zu bringen, ist die erste Tat Gottes. Ohne Licht kein Leben. Zünden wir es an! Machen wir uns auf und werden Licht.

Bernd Wildermuth

Lied EG 16 Die Nacht ist vorgedrungen

Gebet

Herr Jesus Christus,
in deinem Lichte sehen wir das Licht,
das Leben schenkt und alle Nachtgedanken vertreibt.
Wir danken dir.
Wir bitten dich in dieser Weihnachtszeit,
dass die Lichter der Welt uns nicht in die Irre führen.
Lass dein Licht in uns aufgehen,
dass wir Orientierung finden
und anderen Orientierung geben.
Gib uns den Mut,
aufzustehen und zu leuchten und zu glänzen –
gerade dann, wenn die Welt sich verdunkelt
und der Wind von vorn bläst.
Nur du kannst uns zu Lichtgestalten machen. Amen.

Impuls

Das Gesicht des Menschen erkennst du im Licht, seinen Charakter im Dunkeln. (Kalenderspruch)

Autorenverzeichnis

Stefan Alger, geboren 1977, Kirchenrat.
Anschrift: Gerokstraße 19, 70184 Stuttgart.
E-Mail: *stefan.alger@elk-wue.de*

Werner Baur, geboren 1952, Oberkirchenrat i.R.
Anschrift: Im Bulziggarten 46, 72116 Mössingen.
E-Mail: *wernerbaur@outlook.de*

Cornelia Dassler, geboren 1962, Pastorin,
Regionales Team für den Kirchentag 2025.
Anschrift: Landeskirchenamt Hannover,
Rote Reihe 6, 30169 Hannover.
E-Mail: *cornelia.dassler@evlka.de*

Albrecht Gralle, geboren 1949, Theologe und Autor.
Anschrift: Gustav-Mahler-Ring 38, 37154 Northeim.
E-Mail: *Albrecht.Gralle@t-online.de*

Markus Jung, geboren 1964,
Superintendent der Ev.-methodistischen Kirche.
Anschrift: Agnes-Gerlach-Ring 3, 90455 Nürnberg.
E-Mail: *Markus.Jung@emk.de*

Hansjörg Kopp, geboren 1972, Pfarrer, Generalsekretär des
CVJM-Gesamtverbands in Deutschland.
Anschrift: Im Druseltal 8, 34131 Kassel.
E-Mail: *generalsekretaer@cvjm.de*

Brigitte Müller, geboren 1959, Dr. theol., Dekanin.
Anschrift: Mörikestraße 6, 74336 Brackenheim.
E-Mail: *brigitte.mueller@elkw.de*

Karoline Rittberger-Klas, geboren 1974, Dr. theol., Pfarrerin.
Anschrift: Paul-Schneider-Straße 4, 72072 Tübingen.
E-Mail: *Karoline.Rittberger-Klas@elkw.de*

Christine Rösch, geboren 1958, Pfarrerin.
Anschrift: Bodelschwinghstraße 14, 01445 Radebeul.
E-Mail: *frauroesch@gmx.de*

Paul Schobel, geboren 1939, Betriebsseelsorger i.R.
Anschrift: Altensteiger Straße 6, 71034 Böblingen.
E-Mail: *paul.schobel@t-online.de*

Heike Springhart, geboren 1975, Professorin Dr. theol.,
Landesbischöfin der Badischen Landeskirche.
Anschrift: Blumenstraße 1–7, 76133 Karlsruhe.
E-Mail: *heike.springhart@kbz.ekiba.de*

Gabriele Wulz, geboren 1959, Prälatin.
Anschrift: Adlerbastei 1, 89073 Ulm.
E-Mail: *Gabriele.Wulz@elk-wue.de*

Schriftleitung
Bernd Wildermuth, geboren 1957,
Landesjugendpfarrer i.R. der Württembergischen Landeskirche.
Anschrift: Römerstraße 17, 74177 Bad Friedrichshall.
E-Mail: *berndwildermuth@web.de*